智元微库
OPEN MIND

成 长 也 是 一 种 美 好

希望在于行动

生涯浮流与职业生涯发展

CAREER FLOW & DEVELOPMENT
HOPE IN ACTION
Second Edition

[美]斯宾塞·奈尔斯（Spencer Niles）

[加]诺曼·阿蒙森（Norman Amundson）　[加]罗伯塔·诺奥（Roberta Neault）　[韩]尹亨俊（Hyung Joon Yoon）著

刘海滨 译

人民邮电出版社

北京

图书在版编目（CIP）数据

希望在于行动 ： 生涯浮流与职业生涯发展 / （美）
斯宾塞·奈尔斯（Spencer Niles）等著 ； 刘海滨译. --
北京 ： 人民邮电出版社，2023.4
　　ISBN 978-7-115-60451-4

　　Ⅰ. ①希… Ⅱ. ①斯… ②刘… Ⅲ. ①职业选择
Ⅳ. ①C913.2

　　中国版本图书馆CIP数据核字(2022)第252276号

版 权 声 明

Career Flow & Development: Hope in Action, by Spencer Niles, Norman Amundson, Roberta Neault, & Hyung Joon Yoon .

First published in English by Cognella, Inc., 320 S Cedros Ave. #400, Solana Beach, CA 92075.
Copyright © 2021 Cognella, Inc.

◆　　著　　［美］斯宾塞·奈尔斯（Spencer Niles）
　　　　　　［加］诺曼·阿蒙森（Norman Amundson）
　　　　　　［加］罗伯塔·诺奥（Roberta Neault）
　　　　　　［韩］尹亨俊（Hyung Joon Yoon）
　　　译　　刘海滨
　　责任编辑　林飞翔
　　责任印制　周昇亮

◆　人民邮电出版社出版发行　　北京市丰台区成寿寺路 11 号
　　邮编 100164　　电子邮件 315@ptpress.com.cn
　　网址 https://www.ptpress.com.cn
　　涿州市京南印刷厂印刷

◆　开本：720×960　1/16
　　印张：19.5　　　　　　　　　　2023 年 4 月第 1 版
　　字数：260 千字　　　　　　　　2024 年 9 月河北第 3 次印刷
　　　　著作权合同登记号　图字：01-2022-2809 号

定　价：78.00 元
读者服务热线：（010）67630125　印装质量热线：（010）81055316
反盗版热线：（010）81055315
广告经营许可证：京东市监广登字20170147号

译 者 序

非常荣幸完成了《希望在于行动：生涯浮流与职业生涯发展》的翻译工作，它是斯宾塞·奈尔斯教授等人的经典力作。作为美国最具影响力的教育院长之一，斯宾塞·奈尔斯教授曾任全美职业生涯发展协会（NCDA）主席，是当今美国职业生涯咨询界的领军人物，他开创的以希望为中心的职业生涯发展模式在全球各地职业生涯教育与咨询规划中被广泛应用。遗憾的是，斯宾塞·奈尔斯教授的专著和教材罕有中文版面世，这成为我们启动这本经典教材翻译项目的起点，也是我们克服重重障碍、迫不及待出版本书的初衷。

我在美国访学期间首次拜读了斯宾塞·奈尔斯教授的著作。在《生涯浮流：以希望为中心的生涯发展模式》（*Career Flow: A Hope-centered Approach to Career Development*）中，他把人们的职业生涯发展过程比作泛舟之旅。在河流中漂流时，时而激流涌动，时而缓流不兴。身临其境，你会感受到时而游刃有余，时而千钧重负。所以我们把在职业生涯发展过程中经历的多元化体验称为"生涯浮流"（career flow）。面对不同的境遇，斯宾塞·奈尔斯教授提出了"希望－行动"来应对生涯发展中的挑战，它以希望为中心，包括自我反思、自我澄清、愿景、目标设定与规划、执行与调适五个步骤（或称为希望－行动胜任力）。这五个步骤也构成了本书的基本框架。

生涯浮流的另一层含义来自心理学领域的"心流"（flow）概念。"心流"出现在著名心理学家米哈里·契克森米哈赖（Mihaly Csikszentmihalyi）的研究成果中，用来描述人们完全沉浸在一项活动时的心理体验。在职业生涯相关领域，"心流"体验是指人们完全沉浸在与工作（职业）相关的活动中，充满了高度的兴奋和满足感，不愿被打扰，进入一种宛如行云流水、奔腾起伏、涓涓不竭的状态，也被称为"生涯浮流"。斯宾塞·奈尔斯教授指出，通过关注生涯浮流体验发生的条件和规律，可以识别出最有可能让人们感到满意的职业和工作岗位。他还在本书中详细阐述了通过对职业兴趣、技能和价值观的澄清来提高生涯浮流体验发生的可能性。

基于以上两点，本想使用"生涯流动"或"职业心流"来对 career flow 进行翻译，奈何汉语博大精深，深刻挖掘后，发现"浮流"一词与英文 flow 的发音相似，同时又契合了生涯发展"起伏跌宕"和心流体验"飘如游云"之意，因此，将 career flow 译作"生涯浮流"更为贴切，本书也由此被命名为《希望在于行动：生涯浮流与职业生涯发展》。

正如作者在本书中反复强调的，"希望"对人们的生涯发展至关重要，它是"希望－行动"理论的核心。当下，在诸多因素影响下，大学生群体出现了"慢就业""缓就业""懒就业"的现象。如何转变其消极观念，引导并帮助其构建积极的人生观、价值观、职业观被认为是消解这些难题的关键。而"希望"正是应对这些困局的良方，它可以激活人们心中的内驱力和复苏力。心怀希望，就可以憧憬未来无限的可能性，并推动自己采取积极行动去实现生涯目标。因此，作为一本以"希望－行动"为核心的生涯教材，本书内容对于教育者、研究者、学习者、管理者和职业生涯教育与咨询规划从业者都有较高的借鉴意义和参考价值。

本书的翻译出版，得益于教育部学生服务与素质发展中心的精心指导，得到了人民邮电出版社及斯宾塞·奈尔斯教授本人的倾力支持，在这里表示诚挚的感谢！由于本人学识与笔力有限，书中不妥之处在所难免，敬请各位读者批评指正。

刘海滨

2022 年 8 月 12 日于长春

中 文 版 序

听闻本书中文版问世的消息，我和其他作者都感到无比高兴。同时，我们也非常荣幸能把这本书介绍给中国的读者。这本书承载了多年来与"希望－行动"这一重要研究领域相关的理论发展和实践探索。它以"希望－行动"理论（Niles，Amundson & Yoon，2010）为基础，提供了一系列行之有效的策略，帮助人们在职业生涯规划和发展中秉持希望阔步前行。事实上，希望－行动理论有效回应了职业生涯发展研究中的一个关键需求。具体而言，你可以把希望－行动理论理解为一个框架，它提供了策略性的模式孕育和培养希望，帮助人们在整个人生的规划与发展中获得源源不竭的动力。此外，"希望－行动量表"（Niles，Yoon & Amundson，2011）是将希望－行动理论转化为实践的有效工具，它可以帮助人们评估与希望－行动理论相关的胜任力水平。世界各地的多项调查研究表明，人们普遍缺少必要的资源来应对职业生涯的转型，从这个意义上讲，我们认为（我们的研究也表明）希望－行动理论填补了这一空白。最后，衷心地祝愿本书的读者"希望"永驻心间！

斯宾塞·奈尔斯（Spencer Niles）

2022 年 7 月 25 日

序　言

党的二十大报告中明确指出，"人才是第一资源""实施就业优先战略""促进高质量充分就业"。高校毕业生是国家宝贵的人才资源，是促进就业的重要群体。教育部全面落实党中央、国务院决策部署，千方百计促进高校毕业生就业，尤其是围绕建设高质量教育体系，大力支持和鼓励各地各高校建立健全全程化、全员化、专业化的大学生职业生涯发展教育体系。大学生职业生涯发展教育是立足于当代中国大学生全面发展、终身发展的价值定位，以职业生涯规划、职业素质拓展、核心素养提升、成长成才引导为主线的全程化综合性教育活动；是高校就业创业工作、人才培养工作的重要工作载体；是服务就业育人、促进高校毕业生高质量充分就业的基本方略，具有重大的现实意义。

职业指导理论最初于 20 世纪初传入中国，时任清华大学校长的周诒春先生和当时处在创办初期面临内忧外患的中华职业教育社开始向国内介绍西方职业指导理论，并结合我国国情开展了一系列理论研究和实践探索。20 世纪三四十年代，因民生凋敝，我国职业指导的研究和实践被迫中断。新中国成立后，我国实行计划经济体制，大中专院校毕业生就业方式为"统包统分"，职业指导继续处于中断状态。20 世纪 90 年代中后期，以职业生涯规划、生涯辅导为主要内容的西方职业生涯发展教育理论与方法再度传入我国，近年来越来越受到高校和社会的广泛重视，大学生职业生涯发展教育更是方兴未艾。多年来，我国大学生职业生涯发展教育取得了一定的成效，但也存在着一些突出的困难和问题。产生这些困难和问题的原因是多方面的，系统消化吸收西方最新职业生涯发展教育理论不足、结合中国实际的本土化创新理论供给不足、职业生涯教育学科建设薄弱等是其中深层次的原因。

　　就系统消化吸收西方最新职业生涯发展教育理论不足而言，主要表现是，在理论指导上还停留在对西方早期经典理论的移植借鉴阶段，即以职业指导为核心的静态人职匹配阶段。高校现有的职业发展与就业指导课程、咨询辅导体系的逻辑前提依然是静态、稳定的个人特质和职业环境，主线是如何适应现有职业的要求与标准，目标是顺利择业就业。但是，世界范围内职业生涯发展理论已有了很多变化，主要包括：由科学主义向人本主义转变，由指导者中心向当事人中心转变，由以职业为中心向以人为中心转变，由静态的职业指导向动态的生涯辅导转变，由单纯的职业选择向人的自我实现转变等。这些新的发展趋势和研究成果，还有待于我国大学生职业生涯发展教育更好地吸收和借鉴。

　　他山之石，可以攻玉。面向新时代，构建具有中国特色的生涯教育创新理论，稳步推进职业生涯发展教育学科建设，就要求我们既要有本土特色又要有全球视野，既要立足现实更要面向未来。为此，经过认真研究和评估，我们特别策划了"职业生涯发展教育译丛"，计划组织翻译 21 世纪以来尤其是近年来国外职业生涯发展教育经典著作，旨在为我国职业生涯发展教育工作者和大学生提供有益的参考和借鉴。本书是"职业生涯发展教育译丛"的第一册，其显著特色是以"希望 - 行动"理论为基础，提供了一系列行之有效的策略，帮助人们在人生规划和发展中获得持续动力；提供了丰富的生涯活动案例，优化读者的学习体验。本书的译者是东北师范大学就业创业教育研究院执行院长刘海滨。刘海滨院长从事高校毕业生就业工作已经长达 21 年，在职业生涯发展教育领域有着丰富的研究、教学与实践经验，曾在美国宾夕法尼亚州立大学（The Pennsylvania State University）做了为期两年的访问学者，对本书的内容和风格有着深刻的理解和把握，在译文的准确性、流畅性和可读性方面都做了精心的处理，应该说最大程度上保持了原书的品质和特色。

　　职业生涯发展是每个人都要面对的重要人生课题。它不只是一次性的选择，而是一个持续的过程、需要不断地调整和优化；它不只是为了找到一份工作，满足自己的职业需求，发挥自己的职业潜能，而且还要建构自己的人生理想，实现人的全面发展；它不只是个人的责任，也是社会的责任，需要家庭、学校、企业、政府等多方的合作和支持。因此，职业生涯发展教育的工作实践是无止境的，相关的理论研究也是无止境的。在此，我们衷心地希望，本书能成为读者朋友们职业生涯发展的良师益友，能为大学生未来的职业生涯开启一扇新的窗户，增添一抹新的色彩，带来一份新的力量。由于时间与条件有限，组织翻译过程不妥之处在所难免，敬请各位读者批评指正。

是为序。

教育部学生服务与素质发展中心

2023 年 3 月

目 录

第三部分

愿景、目标设定与规划 / 155

第四部分

执行与调适 / 219

第一部分

希望－行动理论导论

第一章　创设希望

目标

本章主要讨论"希望"在职业生涯规划中的重要性。我们将希望-行动理论作为职业生涯发展过程中创设和保持希望的策略。阅读本章并完成相应的练习活动后，希望你可以初步了解以下内容。

- 了解希望的重要性；

- 了解如何在职业生涯中创设和保持希望。

案例

　　爱丽丝（Alice）会见了她在州立大学的生涯咨询师，讨论了她刚刚结束的暑期工作体验。这个暑假（大学三年级和四年级之间），爱丽丝在一家会计师事务所实习。她的忧虑缘于自己总是觉得日常工作超级无聊，并且没有一点挑战性。这是爱丽丝第一次从事与专业相关的工作，她期望每天的工作时光充满愉悦和价值感。然而，事务所的实习经历并不像爱丽丝预想的那样美好。虽然她也能感受到一些积极之处，但大部分时间里，爱丽丝觉得自己从事的工作毫无意义。这就是工作的本来面目吗？这种负面体验是否意味着自己选错了职业或专业？实习结束回到校园后，爱丽丝预约了生涯咨询。在首次去见咨询师的路上，心感恐慌的爱丽丝反复思考着这些问题。她满怀希望地开始实习，却带着对希望的质疑结束，因为问题远多于答案。

　　虽然爱丽丝的第一次工作与她的专业密切相关，但她感受的"意外"引发了她对于一些重要问题的思考。尽管她的工作有积极的方面，但那些毫无意义的部分动摇了她的信心和希望。刚开始实习时，她满怀兴奋，对于工作充满期待，希望通过实习体验更好地选择未来的职业。她原以为实习会很顺利，没想到这次体验与自己对工作的预想大相径庭，这深深地影响了她对未来的规划，更让她忧心忡忡。这次不怎么愉悦的实习经历是否意味着她之前的决策是错误的？是否暗示了她需要解决眼前这个棘手的"难题"，为未来的求职之路扫清障碍？在这一点上她应该如何思考？如何行动？她曾经满怀希望，现在却开始担心、困惑和质疑自己的选择，不清楚自己下一步该怎么办。

这些问题的答案在很大程度上取决于一个人如何界定职业生涯发展。很多时候，人在选择工作和选择伙伴时的思路是一样的。具体而言，如果一个人时常感到不快，表明他选错了搭档，或者像爱丽丝一样选错了职业。事实上，期望某个职业（或与某人的关系）总是充满喜悦和积极方面是极不现实的，任何职业都是挑战与收获并存。人们的事业有时发展顺利，看起来毫不费力，有时却像一场旷日持久且艰辛无比的斗争；有时令人兴奋，也有时让人百无聊赖。因此，为了有效地管理你的职业生涯，同时处理好工作中积极的方面与富有挑战的方面就显得尤为重要。爱丽丝正在纠结和急于确定的是，她所经历的挑战究竟是正常的，还是由于她的错误决策造成的。可以肯定的是，有时变换工作（或搭档）可能是最有意义的解决方案，但更多时候，能否有效地驾驭自己的职业体验，取决于你对工作是否有现实的理解、自信且积极的态度，以及处理困局的必要技能。最重要的是，你需要对自己的未来时刻保持希望。

为什么"希望"如此重要

大多数人都经历过对生活失去希望的时期。你是否能回忆起一段希望渺茫，甚至备感绝望的特殊经历？回想一下这个经历的细节，哪怕只是片刻。是什么动摇了你的希望？你可能和爱丽丝一样尝试过一些事情，然后发现所做的选择并不符合你的预期，甚至是你不喜欢的结果。这些经历可能会导致你对自己和职业的看法变得不太确定。回忆一下，在那些让你感到希望渺茫的时刻，你觉得自己是否具备事业有成的能力？这样的时刻让你对自身和现实的哪些问题进行了思考？你的精力状态如何？你是否有被束缚的感觉？也许你茫然不知所措？也许你备感无力？那一刻，你是否由于缺少方向和目标而感到迷失？

当我们感到希望渺茫时，很多负面体验会汹涌而来，它们会摧毁我们的动力，并引发我们认真反思"我们是谁""我们想要什么"。在最糟糕的情况下，我们会变得无比沮丧，感到寸步难行，觉得负面情绪似乎如影随形，无论如何都无法摆脱它们。我们希望自己的处境和感受向着更积极的方向转变，但可能缺少促进这种转变的技巧和方法。

我们希望你能知道，当经历绝望时，有一些行之有效的方法可以让你做出积极的转变。你可以使用这些方法来催发希望、确定方向、制定目标，并满怀信心和决心地朝着自己的目标前行。这些方法很容易学习和训练，不需要任何超能力就能学会。而且，一旦学会了这些方法，你将受益终生。

本书的目标是教你学会这些方法，帮助你应对现在和未来遇到的任何职业生涯挑战。这些方法所有人都可以学会，掌握它的人会感觉自己有一种超能力，但正如我们所指出的，它并不是一种超能力。话虽如此，如果使用这些方法让你觉得更加自信、更加快乐、更具活力、更有动力，并且让你感到自己的人生有了真正的目标和方向，那么，好吧，也许它就是让你具备超能力的方法！

获得这些积极体验的关键在于理解"希望"的本质，以及为什么"希望"如此重要。

众多学者的研究结论一致表明，"希望"与跨文化的许多积极结果密切相关。具体而言，较高程度的"希望"与较高水平的工作表现、运动表现、组织承诺、工作满意度、明确的生涯决策、整体自信和学术成就等密切相关，这些研究案例充分证明了"希望"对于我们的人生无比重要。与之相反,"缺乏希望"与较高的辍学率、缺勤率等密切有关。因此,找到一种能在人生中创设并保持希望的方法尤为必要!

对于"希望"一词有诸多解释。在《韦氏词典》(*Merriam-Webster Dictionary*)中,"希望"被定义为"伴随着可实现期望或可实现信念的一种愿望"。在检索到的文献资料中,希望的概念从多个角度被界定。例如,迪默和布卢斯坦(Diemer & Blustein,2007)将与职业生涯相关的希望定义为"一个人在遭遇了来自外部的困扰时,对事业和未来工作的承诺"。迪默和布卢斯坦对希望的定义概括了对工作秉持的心理承诺,尽管这种承诺缘于事业发展中可能遇到挑战。另一些学者将希望定义为一种"多维的生命驱动力,其特征是对实现美好愿景充满信心但又不确定的期望"(Dufault & Martochhio,1985)。埃夫里尔、卡特林和肖恩(Averill,Catlin and Chon,1990)将希望定义为一种情绪,而不是一种认知建构。同样,布鲁尼克斯和马勒(Bruininks & Malle,2005)也将希望定义为一种情绪,这种情绪表现为当个体专注于一个重要的、积极的、未来的结果时几乎(但仍然有一些)无法自制。

我们对希望的定义是基于已故的里克·斯奈德(Rick Snyder,1994,2002)的研究成果。斯奈德是一名临床心理学家,也是闻名世界的希望领域的研究学者之一。他认为与目标追求相关的成功(包括形成性成功和终结性成功)会引发积极情绪;反之,失败则会引发消极情绪。当目标实现遇到障碍时,怀有较高希望的人与怀有较低希望的人,其反应截然不同。在这种情况下,怀有较高希望的人通常会做出更积极的反应(即他们更愿意为实现目标而坚持不懈),因为他们可以识别备选路径来实现自己的目标,并且可以根据需要调整实现目标的策略；而怀有较低希望的人在这些方面较少取得成功（Snyder，1994）。考虑到这一点，斯奈德（2002）将希望定义为"识别通往预期目标路径的感知能力，并通过动因思维（agency thinking）激励自己沿着这些路径前行"。根据这一理论，充满希望的个体更有可能为自己的人生设定可实现的目标。此外，他们能够找到不同的路径去追求目标。更重要的是，他们会采取持续的行动去实现目标。因此，在斯奈德的模型中，希望由三个主要部分构成：①目标；②实现这些目标的思路或路径；③实现这些目标的信心和意愿。因此，斯奈德（2002）认为"希望主要是一种思维方式，情感发挥着重要的作用"。

毫无疑问，你一定听过有人许下"我希望一切都会好转"之类的愿望。期待获得积极的结果并不是错事，但仅仅依靠想象结果来许愿，很少能获得想要的结果；为了实现期望中的积极结果，你必须采取一些行动。

斯奈德对希望的定义与通常认为"希望只是一厢情愿"的观点大相径庭。

我们推荐一种与斯奈德一致的观点，这种观点更为注重行动。运用这种方法，会让你干劲十足地采取有意义的行动来实现重要且具体的目标。

活动 1.1　目标识别

你需要停下来，花些时间来确定一个对你而言很重要且具体的目标，而不是继续阅读下面的内容。这个目标需要你为之付出一些努力，同时，它应该是你在下个月有可能实现的目标。

目标很重要，因为它为你提供了前进的方向和目的地。目标可以指引有目的性的行动。

目标可以是近期的，也可以是长期的；目标可以是宏伟的（例如攻读博士学位），也可以是细微的（例如全力备考下周的考试）。但是无论如何，这些目标对你而言一定是非常重要的。

一个重要的目标应该与你的价值观相关联，你可以尝试在刚刚确定的目标中找出蕴含的价值观因素。价值观体现在很多方面，例如，让世界变得更美好、乐于助人、赚取高收入、发挥技能、花时间陪伴家人朋友、健康的生活方式（锻炼、科学饮食等）、掌控你的时间、旅行、成家立业、富有创意、学业有成、声望、名利、努力工作、从事你感兴趣的事情、循规蹈矩等。了解你看重哪些事物至关重要。你确定的目标应尽可能与你看重的事物密切相关。否则，它可能不是你关心的目标，你就不会有动力去实现它。

有时，你确定的一些目标可能只是间接地与你的价值观发生关联。例如，有些人在大学学习通识教育课程时遇到困难，因为他们看不到这些课程与自己的兴趣、目标的直接关联。然而，这些课程是毕业条件中规定的，在这种情况下，最好的解决之道就是理解它们之间的间接关联。虽然你所修课程与你的价值观没有明显的直接关联，但它涉及你必须实现一个更有价值的目标——大学毕业。

活动 1.2　价值观排序

请使用下面的列表来确定你最重视的事物。你可以在选定的价值观选项旁画一个"X"。注意选定的价值观选项总数不能超过 5 个，虽然这张清单上可能还有其他对你来说很重要的事物，但请你把选定的价值观选项限制在 5 个以内。这样，我们就能在比较与取舍中帮你确定价值观排序。你也可以使用"其他"选项列出一个对你来说非常重要但没有出现在列表中的价值观选项（"其他"也计算在限定的 5 个价值观选项之内）。

价值观列表	
____良好的家庭关系	____与我喜欢的人交往
____财务保障	____成功
____工作保障	____在我选择的地方自由地生活
____没有歧视的世界	____空闲时间
____创造力	____知名度
____有固定的日程	____信仰
____自由支配的时间	____身体健康
____社区活动	____冒险
____体力活动	____世界和平
____迷人的外表	____漂亮的家
____多元化	____拥有孩子
____权力	____自主性
____被认可	____帮助他人
____声誉	____经济回报
____摆脱压力	____其他

现在，请重新审视你选择的前 5 个价值观选项，试着把它们按照从 1 到 5 的优先顺序排列。将价值观的名称写在下面对应的数字旁边，然后根据你自己的理解对它们进行具体的定义。例如，我可能看重"经济回报"，并将其具体定义为"一份年收入 5 万美元的工作"，但其他人可能将其定义为"年收入不低于 10 万美元的工作"，重点是对你而言它应该被如何定义。投入一些时间对你选定的价值观给出具体定义，这是非

常重要的步骤，请不要跳过。

价值观定义

（"1"为你最看重的价值观选项）

1.

2.

3.

4.

5.

现在，请反思一下你确定的目标。你的目标与你选定的价值观有多大程度的关联？如果你的目标与你选定的几个价值观选项都密切相关，那么你会更有动力去实现它。如果它们之间没有关联，那么你可能需要调整自己的目标，让它与你看重的事物关联起来。最后，请试着把上面排序后的 5 个价值观定义总结成一段叙述性的文字，来描述一个你要追求的潜在职业目标。例如，如果你看重自主性、创造力、经济回报、身体健康和帮助他人，你的叙述性文字可能类似于下面的内容。

我希望从事一份可以独立工作、有机会创造一些事物来帮助他人的职业，年收入至少 7.5 万美元，并有足够的自由时间从事瑜伽和攀岩等活动。

你的描述中只需包含选定的价值观选项即可，不必考虑确定一个具体的职业，它是我们以后要解决的问题。就目前而言，在你的描述中使用你定义的价值观选项就足够了。这为进一步反思和设想提供了起点，我们将在本书后面的部分讨论这些步骤。

现在，请回顾你写下的价值观定义。这些价值观在你目前的生活中是否有所体现？如果没有体现，你将如何改变这种状况？例如，如果你重视健康的生活方式，那么你目前的饮食结构如何？你锻炼身体的频率如何？你是否可以做出一些改变，让生活更为充分地体现你所重视的价值？请确定一些生活中你能做到的具体改变，更充分地体现你所重视的价值。改变往往意味着做更多的事情，或者做更少的事情。例如，将每周锻炼身体的天数从 2 天增加到 4 天。或者少吃些红肉，多吃些蔬菜沙拉。当你确定了具体的改变，也就确定了实现目标的路径。这样，就可以在生活中更充分地体现你所重视的价值。

"路径"是你可以在生活中采取的具体措施，以增加实现目标的可能性。尝试把你的措施分解成更细小而具体的步骤。例如你决定增加锻炼身体的时间，但你还没有固定的健身房（你计划在专业的健身房锻炼身体），那么，你首先需要决定加入哪个健身房。这听起来是显而易见的，但是，你需要把每个措施分成这样细小的步骤，这样你就获得了通向每个目标的清晰而具体的路径。

确定了为实现目标而采取的措施，你还需要问自己两个与具体措施或路径相关的问题。

首先，问一问自己，成功完成每一个具体措施的信心有多大，按照从 1 分（不相信自己可以成功完成）到 5 分（完全相信自己可以成功完成）的等级对你的自信心进行评分。如果你对自己的评分为 3 分或更低，那么你可以向生涯咨询师或顾问求助，重点讨论你可以做些什么来增强自信心。你还可以检查自己的评分是否准确。具体而言，你是否需要提高某方面的能力来成功完成这些措施？或者，评分过低是否缘于自己的畏惧而没有真实反映你完成这些措施的能力？你还可以考虑是否采取一些更为细小的步骤来提升你成功完成它们的信心。例如，你可能会觉得虽然每周去健身房 4 次是最终目标，但从每周 2 次或 3 次开始更为现实，这也是你下一步更好的选择。

其次，你是否有采取这些措施的动力。这个问题与你实现目标的动力密切相关。例如你完全相信自己能够成功地完成确定的措施，但缺乏这样做的动力。让我们再一次给自己打分，从 1 分（完全没有动力去执行你确定的措施）到 5 分（完全有动力去执行你确定的措施）。如果你给自己的评分是 3 分或更低，那么你需要考虑是否调整已经确定的目标，以便你有更充足的动力来实现它。在这种情况下，需要再次考虑你确定的目标是否体现了你真正重视的价值。寻找一些调整目标的方法，让目标更契合你的价值观。你也可以和生涯咨询师或顾问讨论如何提升你的动力。可能会有所帮助的建议是，思考一下你的固有观念是否限制了自己的动力。有些固有观念是可以自行消解的（例如，"如果我采取了确定的措施并且成功执行了，其他人可能不会赞成，所以我不会尝试"，或者"如果我采取了确定的措施但是没有执行成功，那么我将是别人眼中的失败者"）。诸如此类的错误观念缘于畏惧或人为的自我限制。学会如何利用更积极、现实、正确的信念来对抗它们尤为重要。例如你因为畏惧"失败"而不愿采取确定的措施，那么你会发现，用"学习"来代替"失败"重新确定你的措施可能更有帮助。如果你执行了措施，虽然结果可能并不如你所愿，但是你至少学习到关于自我认知和确定目标的相关信息。当你把学习融入自我认知并运用它重新确立目标时，你其实就已经在以积极的、适应力强的方式稳步前行。

谈到职业生涯决策，很多人认为必须先"知道"，然后才能"做"。他们的观点是，在做出决策前必须拥有所需的信息，甚至认为要拥有全部信息才能在一定程度上保证决策的"正确性"。这通常是不太可能的。事实上，只有真正"做"了一些事情，你才真正"知道"或理解决策意味着什么。当你执行一个决策时，知识和信息的缺漏总是存在的。只有在决策的过程中（你正在"做"

时），你才能慢慢积累所需的信息，以判断这个决策是否合适，反思所处的新形势，判断继续执行此决策是否明智，并采取新的决策。从一些固化观点来看待决策——如果你做了一个决策，随后你放弃了它又做出新的决策，那么你就是一个摇摆的失败者。但是，边"做"边决策的观点与上述固化观点迥然不同。

小贴士

生涯决策提供了一个机会，让你更了解自己以及身处何地。请利用从每一个决策中获得的知识来启发自我意识以及你的下一个决策。

事实上，采取行动并从中学习几乎是所有成功人士行事的经验。这个观点非常重要，我们将在整本书中反复地提醒你。这是当前大多数人在评估自己的行为时需要做出的一个非常重要的转变。

当确定了目标，澄清了实现目标的策略，你就会满怀希望并更有信心地将其付诸行动。心动不如行动，让我们一起行动起来吧。

活动 1.3　希望－行动思维

请再次明确你想在接下来的 2~3 周内实现的目标。确保你的目标清晰、具体（这将帮助你判断是否真的实现了目标），并且是可以实现的。请把目标写在下面。

目标：

_____

路径：确定你可以采取哪些具体措施来实现上述目标，请写在下面。

_____

信心：在 1 分（完全没有信心）到 5 分（完全有信心）的范围内，评估你能完成上述措施的信心水平，并写在下面。如果你给自己打 4 分或 5 分，那么你应该继续采用这些措施。如果你给自己打 3 分或更低，则建议你与生涯咨询师或顾问讨论此问题。

动力：在 1 分（完全没有动力）到 5 分（完全有动力）的范围内，评估你能完成上述措施的动力水平，并写在下面。如果你给自己打 4 分或 5 分，那么你应该继续采用这些措施。如果你给自己打 3 分或更低，则建议你与生涯咨询师或顾问讨论此问题。

活动 1.4　职业生涯状态希望量表

职业生涯状态希望量表（Hopeful Career State Scale，HCS）是用来测量个体当前"怀有希望的程度"的工具。可以按照该量表的指示了解更多与职业生涯相关的状态。尹（Yoon，2019）等人发现，测量得分越高，对工作就越投入；对工作越投入，则工作的满意度就越高。此外，通过完成本书提供的"活动"，也会逐渐提升你的希望。

说明

请使用下面标注的评分标准评估每项陈述与你真实情况的符合程度。例如，如果某项陈述比较符合你的真实情况，请将数字 3 填入分数的空格中。

非常不符合：1 分　比较不符合：2 分　比较符合：3 分

非常符合：4 分

陈述	分数
1. 我目前的工作（和／或教育）对我未来的职业生涯很有帮助	
2. 我目前的工作（和／或教育）将使我未来成为一个更好的从业者	
3. 我觉得距离更好的职业生涯发展机遇越来越近	
4. 根据目前的工作（和／或课程学习），我正在考虑新的就业选择	
5. 我目前的工作（和／或教育）为我职业生涯的下一步计划提供了资源（例如技能提升、人际关系、经济基础等）	
6. 我目前的所作所为有助于我创设更美好的职业生涯前景	
7. 我目前的所作所为有助于我为未来积累技能和经验	
8. 我目前的所作所为是我职业生涯中重要的一步	
9. 我希望目前的所作所为对我的职业生涯发展有所帮助	
平均分（总分）	

评分说明：

1. 将每项得分相加得出这 9 项的总分。

2. 将总分除以 9 得到平均分。

3. 在下表"你的得分（X）"部分找到你的平均分对应的范围。下表中"意义和行动措施"部分可以帮助你理解自己的得分，并解释这本书如何帮助你创设希望并发展你的职业生涯。

理解你的分数

你的得分（X）	意义和行动措施
X ≤ 2.5	你认为目前的职业生涯发展状况并不乐观。你很难确定未来的职业生涯选择。你想了解目前的教育和工作情况与未来的可能性之间有什么联系。对你而言有一个好消息！这本书将帮助你对目前的处境抱有更多的希望。因为你会加深对自我的认知，然后以这种认知为基础，创设未来的可能性。在完成本书中"活动"的同时，请按照"活动"建议积极实施，以便提升你的希望水平
2.5 < X < 3.5	在当前情况下，你的机遇与挑战并存。对你而言有一个好消息！这本书将帮助你挖掘当前处境中的机会。具体而言，这本书中的"活动"将帮助你找到把挑战转变为学习机会的方法，你可以利用这些机会为下一个决策提供信息参考。这种方法是做出正确决策的关键。这本书将指导你完成深层次自我认知的过程，以自我认知为基础创设未来的美好蓝图，制定规划，执行决策，为继续探索自我和未来的可能性提供额外信息
X ≥ 3.5	考虑自己的未来时，你充满希望。因为你可以发现无数的机遇，这些机遇会带给你充满惊喜的未来。此外，你觉得从目前的环境中受益良多。通过这本书，你将发掘和完善具体的策略与战术用于当前和未来的职业生涯之中。这些策略与战术可以让你在未来的工作和生活中时刻保持积极的态度

小结 ¡!!

　　我们需要秉持希望，在人生旅途中积极前行。生活中，很多人都曾经历难以点亮希望之火的时期。在这些艰难的时期里，我们备感束缚、行动乏力，勾勒未来的蓝图似乎毫无意义。然而，有一些策略可以帮助我们点燃希望之火，并保持熊熊燃烧之势。这些策略很容易习得，并且可以使人迅速受益。本章回顾了这些策略，我们鼓励你尝试一下，看看它们可否为你的职业生涯带来些许不同。"希望"很神奇，它可以促进规划。本书的目标不仅是推动规划，还会帮助你制定规划。我们将在后续章中分享一些方法，就像我们在本章中讨论的策略一样，它们是可以让你将希望付诸行动并使你受益终生的锦囊妙计。

问题反思与讨论 ???

1. 确定未来一周内要完成的三个目标，同时，确定为实现这些目标而采取的具体措施。与导师、生涯咨询师或信任的朋友一起分享这些措施。询问他们除了这些措施以外，是否还有其他措施可以帮助你实现目标？请为你的每一个目标考虑所有的可能性，然后选择并确定你要采取的具体措施。在行动之前，反问自己是否有信心成功地完成你确定的措施，然后再反问自己是否真的有动力去执行这些措施。与导师、生涯咨询师或信任的朋友讨论你的回答。

2. 在接下来的一周里，有意识地对自己讲述 3 件具有积极意义的事情。每天早上和晚上各练习一次。注意反思这种体验，把你的感受和心得记录在日记中，尤其是一周结束后你的感受如何。

参考文献

- Averill, J. R., Catlin, G., & Chon, K. K. (1990). *Rules of hope*. Springer-Verlag Publishing.

- Bruininks, P., & Malle, B. F. (2005). Distinguishing hope from optimism and related affective states. *Motivation and Emotion*, 29(4), 327–355.

- Diemer, M. A., & Blustein, D. (2007). Vocational hope and vocational identity: Urban adolescents' career development. *Journal of Career Assessment*, 15, 98–118.

- Dufault K., Martocchio B. (1985) Hope: Its spheres and dimensions. *Nursing Clinics of North America*, 20, pp. 379–391

- Merriam-Webster Dictionary. (n.d.). *Hope*.

第二章　发展希望 – 行动胜任力

目标

本章重点概述了希望 – 行动的方法，以发展你的职业生涯。阅读本章并完成相应的练习活动后，希望你可以初步了解以下内容。

- "希望"在职业生涯和教育规划中的重要性；

- 如何在职业生涯和教育规划中运用自我反思和自我澄清；

- 客观职业生涯发展与主观职业生涯发展的区别；

- 如何使用自我澄清来设想未来的可能性。

案 例

我最初的梦想是要踏足七大洲，体验异国他乡的民俗、文化和风情。15 岁时，我开始攒钱去欧洲旅行，迈开逐梦的脚步。那年夏天，我住在德国的一户人家，学会了让自己沉浸在另一个世界中。通过接触全新的文化风俗，我踏出了舒适圈，接受了思想和精神层面的挑战与洗礼，受益良多。第一次旅行的体验让我为之痴迷，我花了 11 周时间，乘坐陆路卡车，踏足冰岛、印度、俄罗斯、大堡礁、斐济、马尔代夫、塞舌尔群岛、尼泊尔、越南、马来西亚和非洲的塞伦盖蒂等诸多国家和地区。

1978 年，我从艾奥瓦州（Iowa）的一所女子学院毕业，开始在科罗拉多州（Colorado）从事特殊教育和基础教育的教师工作。我的愿望是想通过教育来影响孩子们的生活。这个愿望持续了 20 年，直到今天仍在继续。我一直与家人和朋友保持着密切的联系。1993 年，我在父亲的启发下萌发了攀登非洲乞力马扎罗山（Mt. Kilimanjaro）的梦想。在我父亲 61 岁生日那天，我的梦想成真，成功登顶乞力马扎罗山。我的父亲是我的灵感源泉，他也是我的挚友、我的英雄。6 年后，我开始向着另一座世界高峰发起挑战。在"千禧年"，随着成功登顶南美最高峰阿空加瓜山（Mt. Aconcagua），我又萌发了登顶"七峰"的梦想。

我登山的梦想越来越强烈，直到 1999 年，我被诊断出患有多发性硬化症。我在医院醒来时，发现自己的身体麻木，我担心的最坏情况还是发生了。我被迫放弃了 20 年的教师生涯，告别了持续 22 年的婚姻。我还感到恐慌，害怕无法在我还能控制自己的身体之前完成我的梦想。从那时起，我开始竭尽所能地筹措资金。2000 年，我用筹集到的钱参加了一次攀登尼泊尔梅拉峰（Mera Peak）的活动，为慈善机构筹集资金。接下来我又去了俄罗斯攀登欧洲最高峰——厄尔布鲁士峰（Mt. Elbrus）。当时我的身体状态依然良好，就去了墨西哥的火山上进行训练，为第二年春天攀登德纳里峰（Denali）做准备。2006 年 5 月，我带着 1 万美元购置的极端天气登山设备以及勇往直前、永不服输的决心，成功登上了德纳里峰峰顶。

从德纳里峰回来后，医生告知了我的病情进展——脊椎神经上的囊肿引发我持续的背痛，这个囊肿被挤压在两个椎间盘之间。1999 年，在我首次被诊断出患有多发性硬化症时，由于一名年轻的医学院学生在脊椎穿刺时操作不当，导致我的脊髓液缓慢渗漏并形成囊肿。2006 年，经过了背部手术并康复后，我开始了训练以恢复力量。随着身体状态的好转，我准备再次向着梦想出发。2008 年 7 月，我手拿冰镐，怀着踏足七大洲、登顶"七峰"的梦想，登上了澳大利亚的科修斯科山（Mt. Kosciusko）；2008 年 11 月，我登上了南极洲的文森山（Mt. Vinson）；我把最高峰留在了最后，2009 年 5 月 23 日，我踏上了世界之巅——珠穆朗玛峰（Mt. Everest）。

我一生中有过很多好运，包括旅行和攀登顶峰的机会。这些经历丰富了我的人生，对此我深表感激。在这些经历中，我最大的收获是学会了如何克服恐惧和困顿，并与他人分享心得。我希望影响并改变孩子们的人生轨迹，后来这一愿望也延伸到了成年人和残疾人。我在演讲中总是传达那些鼓励他人、增强自信的观点。在赠予他人玫瑰之时，我们的手上也遍布余香。

我的梦想还在继续。我的希望和身体都充满着强大的力量，这些力量让我用更为积极的态度面对未来。我从经历中收获的最重要的心得是，不要让困局束缚住你的希望之心，更不要放弃你的梦想。人生苦短，一定要抓住机会去勇敢逐梦，祝你们所有的梦想都开出绚烂之花！

——洛丽·施耐德（Lori Schneider）

资料来源：洛丽·施耐德《我的梦想》（*My Dream*），版权归属洛丽·施耐德，获得转载许可。

希望－行动理论

你必须有意识地培养一些重要的态度和行为习惯，以有效应对人生路途中随时出现的生涯挑战。主动为自己打造一些能力，可以让你面对这些挑战时更为从容和自信（Niles，2014；Yoon et al.，2019）。希望－行动理论提供了一个能力框架，当你面对职业生涯和教育规划的挑战时，它可以成为你披荆斩棘的利器。具体而言，希望－行动理论涵盖的能力包括：①希望（hope）；②自我反思（self-reflection）；③自我澄清（self-clarity）；④愿景（visioning）；⑤目标设定和规划（goal setting/planning）；⑥执行和调适（implementing/adapting）。

在这些能力中，部分借鉴了斯坦福大学著名心理学家阿尔伯特·班杜拉（Albert Bandura，2001）提出的人的能动性理论。人的能动性涉及了解自己，以及根据自己在执行规划中获得的关于自身和环境的新信息改进、实施和调整规划。"希望在于行动"（hope in action）是一个理念，它借鉴了堪萨斯大学已故心理学家里克·斯奈德（Rick Snyder，2002）的研究成果。有些学者认为，希

23

望是对积极结果的主动憧憬。然而，我们与斯奈德的观点一致，即当你清楚地认识到可以采取哪些措施实现目标，并且有动力去执行这些措施时，"希望"便与目标导向的行动关联起来。

组织行为学专家道格拉斯·霍尔（Douglas Hall）强调了自我澄清和适应能力的重要性。以首次提出"易变性职业生涯"（protean career）一词而知名的霍尔，强调了职业生涯发展的非线性特征。霍尔还指出，当职业生涯呈现典型非线性时，你要抓住机会，从每天的经历中学习并有所收获。总之，这些从班杜拉、斯奈德和霍尔的研究成果中借鉴而来的能力，形成了希望–行动理论的坚实基础。在这个理论下，我们提供一个能力框架，你可以发展和运用这些能力应对现在与未来职业生涯发展中的挑战。在本章中，我们先对这些能力做一个概述，在后续的章节中，再对这些能力逐一展开详细的讨论。

职业生涯和教育规划中的希望

正如我们在第一章的讨论中提到的，"希望"对于积极进行职业生涯和教育规划至关重要。既然"希望"如此重要，我们就要在这里多说一点。"希望"是指创设一个有意义的目标，并相信如果你采取具体的行动，就有可能取得积极的结果。心怀希望，会让你思考未来无限的可能性，并推动自己采取行动（Smith et al.，2014）；反之，如果没有希望，人们可能就不会采取积极的行动。

在一项针对高校研究生的调查中，两位学者（Alexander & Onwuegbuzie，2007）发现，面对完成写论文、备考、阅读作业等学业任务，"希望"水平较低的学生比"希望"水平较高的学生更容易出现拖延行为。这项研究结果让我们知道，管理职业生涯发展的各个环节中，心怀希望尤为重要。

在讨论"希望"和"目标设定"之间的关系时，斯奈德（2002）认为，"希望"必须置于目标实现概率的连续区间内。这个连续区间范围是从你确信完全可以实现的目标到你认为完全不可能实现的目标。如果实现目标的概率是 0 或 100%，即处于起点或终点，那么"希望"对于这些目标而言就无关紧要了。如果完全不可能实现目标（即处于起点的外侧），你就不太可能朝着这个目标长时间地努力；如果目标的实现具有多重保障（即处于终点的外侧），那么尝试努力就变得没有必要。因此，与希望有关的目标必须是有意义的、可实现的目标，同时还要具备一定的挑战性。

满怀希望的心态，可以让你采取一个或多个措施去实现目标（Clarke et al.，2018）。当遇到实现目标的障碍时，你需要有调适能力去选择更好的措施并采取行动去解决这些障碍。调适能力是指调整、适应、以变应变的能力。换言之，虽然已经确定了具体目标，但你需要根据不断获得的新信息，决定继续你的目标或确立新的目标。以这种方式应对新信息非常重要，因为你在不断发展并获得机会（无论是在意料之中，还是计划之外，这些机会都会源源不断地呈现在你的面前）。然而，如果没有"希望"，这一切都将变得遥不可及。当遇到障碍时（每个人在实现目标时都会遇到障碍），不抱希望的人总是倾向于自暴自弃。研究发现，"希望"水平较低的学生往往在面对达成目标所必须完成的任务时选择逃避。例如，如果一个人认为自己可能不会通过考试，他可能会拖延学习，因为他对学习会带来成功的结果（通过考试）不抱希望。

重新阅读本章开篇提供的案例，然后完成下面的活动，这是思考希望重要性的一个良好开端。

活动 2.1　阅读洛丽的故事

请参考本章开篇的案例。这是一个关于洛丽·施耐德的真实故事。

阅读洛丽的故事后，请回答以下问题。

- 洛丽在她的人生之路上遇到了哪些障碍？

- "希望"对洛丽而言有多重要？

- "希望"如何帮助洛丽实现了目标？

- 如果洛丽缺少希望，她的梦想会有何不同的结果？

- 洛丽以哪些方式灵活地发现了实现目标的新途径？

洛丽的故事清楚地说明了"希望"对于创设梦想、确定目标、制定规划和采取行动等方面的重要意义。洛丽在实现目标时遇到了挑战，但"希望"推动她继续前进。面对逆境，她是如何做到这一切的呢？在确定目标时，她首先进行了自我反思。在这个环节，她需要清楚地知道，对她而言最重要的是什么（她的价值观），她喜欢的是什么（她的兴趣），以及她拥有并希望进一步提升哪些技能。对这些问题的回答使她实现了自我澄清。当考虑适合自己的种种可能性时，她习惯于在心中勾勒美好的愿景。心怀希望使得她能够考虑未来所有的可能性，并确定一个具体的长期目标。这个目标与她的价值观、兴趣、技能和经验有机地联系在一起。她的目标确实具有挑战性，但并非不可能实现。

当时洛丽 15 岁，她为实现自己的目标制定了规划（"踏足七大洲，体验异国他乡的民俗、文化和风情"）。当她开始执行规划向着目标奋力迈进时，被诊断出患有多发性硬化症。这个消息无疑成了她实现目标的障碍，她需要评估自己的目标是否仍然可以实现，她需要调整自己的规划。如果没有"希望"，洛丽可能会在这个时候选择放弃她的梦想，这是完全可以理解的。然而，她并没有放弃梦想。目标对她而言意义深远，所以在得知自己的诊断结果后，她反而更加坚定了实现梦想的决心。这次诊断让她面临一次选择，洛丽选择了继续采取行动实现自己的梦想。毫无疑问，疾病诊断结果使洛丽不得不重新调整她的规划。在这个过程中，她进一步做了自我反思和自我澄清，决定继续追逐自己的梦想，调整自己的规划，奔赴自己的目标。希望是推动她持续行动的不竭动力。

洛丽的故事向你诠释了如何利用希望－行动理论中的各种能力管理你的职业生涯，甚至是你的整个人生。从本质上讲，洛丽的故事强调了利用希望进行自我反思以提升自我澄清的重要性。她的希望为她设想未来的可能性奠定了基础，并帮助她确定了一个有意义的目标。因为她满怀希望并且目标明确，所以才能制定具体的规划来实现自己的目标。然后，她为实现目标展开行动，同时保持开放的心态，不断调整规划以适应情况变化。当洛丽执行她的规划时，她的行动又让她对自己和世界有了更多新的认知。事实上，这是一个永无止境、循环往复的过程，关键是聚焦你对自己的认知，并利用这些新认知来指导你接下来的行动。

希望－行动胜任力

希望－行动理论包含的胜任力如图 2-1 所示，你可以发展并利用这些胜任力来有效地进行职业生涯和教育规划（Niles，2014）。接下来，我们简要地介绍这些胜任力，这是进行职业选择的基础。

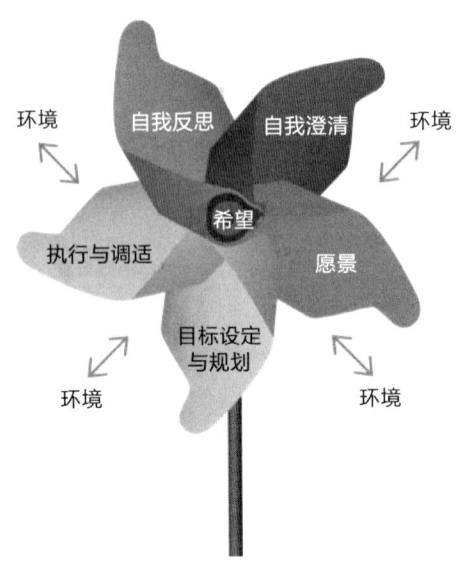

图 2-1　希望 – 行动理论（风车模型）

资料来源：斯宾塞·奈尔斯，诺曼·阿蒙森，尹亨俊版权所有 ©2020，获得转载许可。

自我反思

自我反思包括审视你的思维（thoughts）、信念（beliefs）、行为（behaviors）和环境（circumstances）的能力。本质上，自我反思关注的焦点是你和你感知到的世界。自我反思需要你思考以下问题：我看重的是什么？我喜欢的是什么么？我乐于使用哪些技能？我需要发展哪些技能？我所处的环境为我提供了哪些机遇？我希望拥有什么样的生活方式？我如何有效地发挥已有的才能参与我喜欢的活动或对我而言很重要的活

> **小贴士**
>
> 　　建议你有意识地对自己的思维、信念、行为和环境进行系统的自我反思。否则，你将错失从经验中学习的重要机会。

动？我的生活如我所愿吗？我对未来的愿景有何期许？等等。简而言之，自我反思需要你按下"暂停键"（time-out）来思考你是谁，你过着什么样的生活，你希望拥有什么样的生活。建议你经常练习这种自我反思，从每周进行一次开始。把自我反思的结果记录下来，这将有助于你在思考关于自己和生活相关的重要问题时更加全面、系统、有条不紊。

活动 2.2 自我反思

在接下来的 5 天里，请每天花 5 分钟时间思考上面的问题，写下你对这些问题的回答。5 天后，回顾你记录的内容，并思考以下问题。

- 通过这次自我反思，我对自己有哪些了解？
- 我记录的关于自我反思的文字对我将来的规划有哪些影响？

通过这种方式，自我反思和自我澄清联系在一起。自我反思的过程需要你付出一些时间来提出问题。一旦你准备好如何回答这些问题，就进入了自我澄清的环节。自我澄清是一个漫长的过程，因为通过自我反思以强化自我澄清是一项永无尽头的任务。二者持续交替、如影随形，伴随人们的一生。通常，你会发现在生涯咨询师帮助下进行自我反思是有益的，咨询师可以帮助你构建自我反思的诸多关键问题，并在你思考这些问题时为你提供重要的反馈。

自我澄清

在适当的引导和有意识的努力下，自我澄清会徐徐展开。在很多方面，自我澄清的过程类似于冲洗照片。具体而言，自我反思就像进入摄影师的暗房去完成一系列工作，以得到清晰的照片（自我澄清）。古希腊哲学家亚里士多德（Aristotle）在强调"自我认知"对生活的重要性时，指出了自我澄清的关键价值。这个建议对于有效管理你的职业生涯至关重要。所有事情都始于自我意识觉醒。显而易见，不断深入地自我澄清是一个持续的、终生的过程。这个过程更像是一个旅程，而不是一个目的地。简单地说，你越清楚自己是谁，就越容易系统地、有意识地朝着理想的目的地前行。如果你不清楚自己的个性特质（例如你的需求、技能等），那么你就像茫茫大海上随波逐流的一叶扁舟，漫无目的地漂泊。当机遇和挑战出现在你面前时，不断深入的自我澄清将使你成为自己生命之舟的船长。因为这让你有了自我认知的基础，你可以把它当成一个透镜，通过它透视你正在思考的各种选项。

可惜，许多人总想压缩职业生涯发展中的自我澄清部分。在做出自己喜欢什么样的职业生涯选择之前，深入、全面、准确地了解自我至关重要，这似乎是显而易见的，那么为什么很多人轻视职业生涯发展过程中的这一重要步骤呢？

我们可以从西格蒙德·弗洛伊德（Sigmund Freud）的智慧中受到些许启发。弗洛伊德认为，生活中最具挑战性的任务之一就是学习如何容忍模棱两可的境遇。人们倾向于追求事物的确定性而非不确定性。许多大学生不断地换专业，宁愿随便选择一个专业，也不愿承认他们在专业选择时的犹豫不决。否认不确定性让许多人产生了一种对自己的人生尽在掌握之中的错觉。不幸的是，这种否认常常导致与一切尽在掌控之中相反的结果。否认不确定性会让我们逃避，而不去思考"我们是谁"，以及"我们想从生活中得到什么"。换言之，这也许是一种悖论——承认你对自己职业生涯的不确定，通常会促使你迈出重要的一步。明确并澄清你是谁，你想要什么样的生活，这些不正是为了掌控人生而努力追求的方向吗？与之相反，否认不确定性虽然看似更有掌控感，其实只会让你在不确定性中越陷越深。

在缺乏基本自我澄清的情况下，试图做出职业生涯决策，就像一场说走就走的旅行，没有目的地，也不清楚自己期望在旅途中经历什么。大部分人喜欢在旅行之前确定自己想去哪里以及在旅行时想经历什么。显然，在对自己有了基本的认知和澄清后做出职业生涯决策，与旅行前想好去哪里，希望在旅途中经历什么，以及到达目的地后想做什么非常相似。缺乏自我澄清的决策与毫无目的的旅行，都有可能是一场冒险。"知道你想去哪里"比"不知道你想去哪里，不知道你要经历什么"更有可能增加你人生经历中的愉悦感和满足感。

许多人会弱化自我澄清的重要性，可能因为对这种状态有消极的看法。例如有些人（错误地）认为犹豫不决是软弱、懒惰或优柔寡断的象征。这种价值判断忽略了一个基本事实，即每个人（没有例外）都不止一次对自己的职业生涯目标犹豫不决。这个错误的观点还忽略了一个事实，即犹豫不决是从一个选项换到另一个选项的必经步骤。无论在什么情况下，从 A 走向 B 都需要问一问 B 是否真的比 A 好。也就是说，你必须先经历犹豫不决的状态，然后才能做出决策，这是无法跨越的事实。

需要明确的是，随着岁月更迭，人也在不断成长。在生活中，你不断地经历着一些事情，这些经历都会对你产生影响，并让你一次次认识到自己究竟想成为什么样的人。毫无疑问，你现在对自己和生活的了解是你 5 年前无法想象的。你正在经历的事情以及你从中得到的经验无声地影响着你将成为什么样的人，所以请保持开放的心态。睿智的人会关注自己的成长，并充分借助成长的力量做出人生的选择。

因此，一定要坚持不懈地做好自我澄清，从而做出明智的职业生涯决策。做好这件事的一个基本出发点，是允许自己处于不确定的状态中，同时清晰地知道自己想在职业生涯发展中经历什么。千万不要把这种不可避免的不确定性过程解释为你在职业生涯发展中毫无进展。当你处于不确定状态时，不要误以为情况没有发生任何改变。事实上，这种状态可能是你在做职业生涯决策时所经历的最重要的步骤——你需要睿智地利用自己的不确定性。这意味着你需要有意识地进行自我反思，实现深度的自我澄清。为了进一步提升自我澄清水平，一个有效的建议是，从职业生涯发展的客观信息和主观信息两方面进行思考。

小贴士

请使用客观信息和主观信息来指导你的职业生涯和教育规划。

使用主观信息来提升自我澄清

在职业生涯发展领域，帮助你进一步了解自己的方法通常与专业测评有关。大部分学校的职业生涯发展机构都会提供兴趣测评、能力测评、性格测评等服务。许多职业生涯测评侧重于帮助你识别自身的关键性特点，例如兴趣和能力，然后将你的兴趣和能力与特定的职业进行匹配。专业测评是实现自我澄清的重要途径，但这只是一个起点。

从这些测评中获得信息后，你需要去收集关于职业生涯决策的更多信息。你可以聚焦感兴趣的职业，采访某职业的一些从业者，查阅一些具体的资料，或者通过做志愿服务、见习或实习等方式去了解这些职业，以获得更多的参考信息。无论你采取何种方式收集信息，在处理获得的信息时，一定要从对你而言最为重要的自身特点（即自我澄清）的视角出发，自问是否愿意在探索职业和相关环境上投入大量时间。我们将在后面的章节中详细讨论这些内容。

标准化测评的信息通常以百分比等级和百分率等方式报告结果。例如通过测试为你提供有关数学能力百分比等级的信息。这些信息虽然有助于你探索"你是谁"，了解它与各种职业匹配的可能性，但我们大多不会用百分比等级和百分率定位自己。大多数情况下，我们寻求的是对"我是谁"这一问题更深层次的理解。

这些更深层次的理解与职业生涯发展的主观体验有关。而职业生涯发展的主观体验，本质上与人们从人生经历中获得意义，并将其转化为职业生涯方向的过程有关。因此，自我澄清的客观信息和主观信息都很重要。

职业心理学家马克·萨维科斯（Mark Savickas）提出了一种澄清主观职业体验的策略。萨维科斯（2005）认为：早期的人生经历对职业生涯规划至关重要。他的职业生涯咨询策略专注于帮助人们审视早期的人生经历（通常是痛苦的经历），以审视人们过去的经历与现在的联系，以及这些如何影响人们未来的目标。痛苦的经历（例如渴望拥有，父母离异）是关键，因为这些经历往往会让人们产生对相反事物的向往（例如渴望拥有一个完整且给人安全感的家庭）。萨维科斯认为，人们常常被这些早期的痛苦经历驱使，把这些经历变成对未来职业的执念。例如，一个经历过失去亲人的孩子，成年后总是帮助他人应对失去亲人的痛苦，"应对失去亲人"成了这个人核心的人生主题。这个人所从事的具体职业（客观的职业选择）并不重要；重要的是这个职业是否为他提供了一个机会来表达其人生的核心主题——主观职业体验。萨维科斯指导人们确定职业生涯目标的方法，就是帮助他们理解如何从生活经历中获得意义，并将这种意义作为职业生涯的导向。

活动 2.3　关注练习

如何让你的人生更有意义？要回答这个问题，一种更为深入和个人化的思考方式是，问自己"我渴望在人生中经历什么"。从这个意义上说，心心念念的渴望不仅是你偶尔会想到的事物。相反，在这种情况下，渴望所指是一个明确的目标，是一个长久以来你一直认为非常重要的目标。请发散你的思维，把自己心中的渴望尽可能地写在下面。如果你会经历一些对你人生具有重要意义的事，它们会是什么？试着想出至少三种这样的事，并详细描述它们。思考一下，你想到的这些事与你的童年经历是否有关联？这些关联是什么？也许你渴望的事恰好与自己童年的经历相反。不要急于否定它们之间存在关联，请试着找出它们之间可能存在的至少一种联系（不管最初这种联系看起来多么愚蠢）。例如，你可能希望有一天拥有一个关系融洽的幸福之家。你内心清楚地知道自己会把这个家庭置于一切事物之上，对你而言，拥有这样的家庭是世界上最重要的事情。经过反思，你可能会把这种渴望与童年时被家庭孤立的经历联系起来。与之相似，请你在接下来的几天里，思考一下你渴望在人生中经历的事与童年经历的事之间可能存在的关联。

1. 我渴望在人生中经历的事：

（1）

（2）

（3）

2. 我渴望在人生中经历的事与童年经历的事之间可能存在的联系：

理解人生经历如何影响你的职业生涯发展方向，有助于你带着意向和目标前进。从本质上讲，把理解提升到这个层次有助于回答你在未来需要做什么才能找到人生的真谛。接下来的任务是，确定哪些职业能提供最好的机会来实现自己的渴望，以及通过哪些方式去实现。

早期生活经历的某个方面之所以会对职业生涯发展产生巨大的影响，与成长过程中遇到的榜样有关。人生中早期的榜样通常是某个人，可能是真实的人，也可能是虚构的，我们可能试图以此来塑造自己的人生模式。当你羡慕一个人时，通常会希望自己也成为那样的人。例如，特蕾莎（Theresa）在童年时代把"神奇女侠"作为自己的偶像。"神奇女侠"的力量和正直，以及她面对人生挑战时的勇气深深地吸引着特蕾莎。不幸的是，特蕾莎在 5 岁时被父亲抛弃，7 岁时母亲死于癌症，她的童年遭遇了许多人生挑战。特蕾莎试图用她所钦佩的"神奇女侠"的品质来面对人生。后来，这些宝贵的品质在她担任公益辩护律师的工作中发挥了重要作用。对特蕾莎而言，将这些品质与职业生涯联系起来，意味着她要找一份可以让她展现自己所珍视的"神奇女侠"品质的工作。毫无疑问，她是一位充满激情的律师，非常关心她的客户并帮助客户应对人生的挑战。

一位名叫维尔内达（Verneda）的女士说，她的小学校长是她年轻时崇拜的榜样。究其原因，维尔内达解释说，那位校长总是尝试帮助他人克服生活中遇到的困难，这是其担任校长时特色的工作方式。后来，维尔内达成了一名顾问（她的客观职业头衔），她也在帮助别人克服生活中的困难（她在工作中表达的主观意义）。

就像特蕾莎和维尔内达一样，在你对职业生涯发展方向做出重要决策时，早期的生活榜样可能对你未来的人生产生重要的影响。

活动 2.4　童年榜样

回想一下你的童年经历，试着找出 2 ～ 3 个你非常崇拜的人。他们可以是榜样、偶像、英雄，可以是你的父母、老师或教练，也可以是虚构的人物（例如神奇女侠、蜘蛛侠、孙悟空等）。

- 一旦你确定了榜样，试着列出你们之间的相似之处。请把你们之间的相似之处写在下面。

我的榜样是：

我和榜样之间的相似之处是：

- 思考一下你和榜样之间的不同之处，并把它们写下来。

我和榜样之间的不同之处是：

找到你和榜样之间的相似之处对你的职业生涯决策很重要。它们表明了你可以继续提升的优势，让你了解哪些品质和能力是你认为有意义的、需要包含在将要从事的职业中的。同时，它们也呈现了"你是谁"这一问题的核心内容。

你和榜样之间的不同之处可能代表了你需要进一步提升的新优势。它们可以被描述为，你现在所处的位置和你的职业生涯发展所要达到的位置之间的距离。你可能不愿意实践这些活动，因为你在这些活动中无法感受到成就感。然而，在很多情况下，我们列出的与榜样之间的不同之处，可以被理解为需要发展的技能。这些技能都是可以培养和提升的，例如公开演讲、写作、组织活动等。可惜许多人错误地把这些可以被提升的新优势看作自己"致命的缺陷"，认为这会导致自己的某些职业抱负无法实现。尽管有些技能很难达到较高水平，但大部分技能可以通过耐心、勤奋和实践得以提升和改善。

在你确定了榜样，知道榜样有哪些吸引你的特质，并发现你和榜样之间有哪些相似之处和不同之处后，建议你把你和榜样之间的异同列表转化为目标陈述。例如，你注意到榜样的优点之一是她的演讲能力，而你觉得自己没有相似的能力。那么，你可以把"成为一个有影响力的公众演讲者"作为一个目标，这样，就把你和榜样之间的差距转化为了目标陈述。然后，为了让自己成为更具成就的演讲者，你需要列出可能采取的 3 ~ 5 个措施，例如参加演讲课；与你认为成功的公共演讲者交谈，并向他们询问技巧和建议，以提高自己的演讲水平；记录成功演讲者在演讲时所做的事情等。通过这些方法，你可以更主动地向职业生涯发展目标前进。

活动 2.5　榜样目标陈述

利用你和榜样之间的相似之处与不同之处，确定一个你想要实现的目标。

目标陈述：

我可以采取以下 3 个措施来实现这个目标。

1.

2.

3.

另一个能帮助你深入了解自己的办法是写日记。通过写日记，你可以把自己的思考、见解和问题"从头到尾"地在纸面上理顺。写日记不仅为你提供了一个包含重要自我信息的文档，还可以让你记录自己的心路历程。写一段时间日记后，你可以回过头来重读你的日记，记下重复出现的主题。重复出现的主题代表你尚未解决的问题或你关注的焦点。有时，与咨询师一起回顾这些主题非常有帮助。

反复出现的主题可能代表你出于各种原因而暂时搁置的愿望。如果梦想随着时间的推移依然存在，这种存在反映了我们潜意识中前行的方向。

如果挖掘出一些被搁置的愿望，那你需要在其中确定一个并开始行动，哪怕是迈出相当小的一步。例如你一直想学弹吉他但从未上过吉他课，你可以尝试开始学习，看看效果如何。这些行动的重点并不在于它们一定代表你未来的职业生涯发展的方向（尽管存在这种可能性），而是在于，你在奋力实现这些被搁置的愿望过程中，将进一步了解自己是如何做出决策的。你会比以前更相信自己的直觉，你会更懂得直觉在决策过程中的重要性。这会让你在未来的决策中更加关注自己的直觉。在这个过程中，你也会掌握一些与从事活动相关的信息，并判断这些事情是否适合你。总之，你会更加了解自己。

在人的一生中，生活提供了无数个学习和积累经验的机会。随着岁月更迭，你会不断地成长、发展。你可能会培养出新的爱好，可能会挖掘未开发的兴趣，可能会学到新的技能，某些事物（价值观）可能会随着职业生涯的发展和你在生活中扮演的新角色变得越来越重要（或越来越不重要）。当意识到自己已经获得了关于"你是谁"和"你将成为谁"的答案时，你就掌握了至关重要的信息，它们将有助于你管理好自己未来的职业生涯发展。

使用自我澄清来设想未来的可能性

在关注"你是谁"和"你将成为谁"的同时，还要留意自我澄清的发展变化。由于你在不断成长，因此认知自我的任务是永无止境的。换言之，对于职业生涯和教育规划而言，时刻评估你的价值观、兴趣、技能等特质是一项重要的终生任务。提升自我澄清的水平很重要，因为你要通过自我澄清来创设未来可能的愿景。

愿景

可以使用头脑风暴来设想你未来可能从事的职业以及你期望的结果，这些结果构成了你的愿景。头脑风暴注重的是数量而不是质量。这里所说的数量指的是运用自我澄清来设想尽可能多的职业选择。例如，考虑到你对自己的了解和所处的环境，你会选择哪些职业？让职业可能性清单尽可能丰富。在你确定未来的可能性时，可以向朋友或生涯咨询师寻求帮助。这个活动要突出创意，要"玩得开心"！

活动 2.6　愿景

- 根据我对自己的了解，我可以设想未来有以下可能性：_____
- 当你拥有了一份长长的可能性清单，根据自我澄清确定哪些可能性似乎更有意义。将它们细化后写在下面，并进一步思考。
- 再从这份清单中选出一些最有意义的可能性，将它们进一步细化并写在下面。

你可以通过阅读资料、与从业者交谈等方式来掌握更多的参考信息。收集这些信息后，将这些消息融入你对自己和环境的认知，进一步自我澄清，思考未来可能的选择。用你随时获取的新信息指导你进行目标设定和规划，这些内容将在后面的章节中详细讨论。

一旦你确定了目标并制定了实现目标的规划，就表明你为规划的执行做好了准备。执行，意味着实施符合规划和目标的行动。比如你通过自我反思，对自己可能想学习的专业进行了自我澄清，然后利用自我澄清来设想拟选的专业，以及与之相关的职业和职业生涯目标，并最终确定了攻读某个专业的规划，那么，你的下一步行动则应该是考取并注册这个专业（执行）。

当开始学习这个专业的课程时，你要测评这个专业是否如同你期望的那样与你的目标、价值观、兴趣和技能密切相关。如果符合你的期望，那么你只需要继续学习，奋力向着你确定的目标前进；如果与你的期望相去甚远，那么你就要调整自己的规划（个体灵活性）。

小贴士

通过制定规划来实现你的目标，必要时修改或调整你的规划。

小结　！！！

对于如何应对职业生涯的不同问题，需要采用不同的策略。本章简要介绍的模型为应对职业生涯发展的各个方面提供了基础。完成本章所介绍的活动有助于你发展希望 – 行动胜任力。随着逐渐把这个过程变为习惯，你会很容易把它融入职业生涯和教育规划。一旦你能在系统的、主动的自我反思中自我澄清，并在其指导下确定职业生涯目标，你就能以积极、自信和充满希望的方式做出职业生涯决策。

问题反思与讨论

1. 完成本章末尾的自我评估活动，根据评估的结果确定你需要发展的能力，至少采取一个措施来加强你需要发展的能力。

2. 你从洛丽的案例中学到了什么？

3. 将本章所介绍的模型的每一个步骤都对应到洛丽的案例中。

4. 你对自己的未来抱有多大希望？

5. 你能做些什么来提升自己对未来的希望？

6. 你多久进行一次本章所述的自我反思？

7. 试着在本周留出特定的时间进行反思，对你而言什么是重要的？你喜欢做什么？你对未来有什么希望？

参考文献 @ @ @

- Alexander, E. S., & Onwuegbuzie, A. J. (2007). Academic procrastination and the role of hope as a coping strategy. *Personality and Individual Differences*, 42(7), 1301–1310.

- Bandura, A. (2001). Social cognitive theory: An agentic perspective. *Annual Review of Psychology,* 52, 1–26.

- Clarke, A., Amundson, N. E., Niles, S. G., & Yoon, H. J. (2018). Hope: An agent of change for internationally educated professionals. *Journal of Employment Counseling*, 55(4), 155–165.

- Hall, D. T. (2002). *Careers in and out of organizations*. SAGE.

- Niles, S. G. (2011). Career flow: A hope-centered model of career development. *Journal of Employment Counseling*, 48, 173–175.

- Niles, S. G. (2014). Using an action-oriented hope-centered model of career development. *Journal of Asia Pacific Counseling*, 4(1), 1–13.

- Savickas, M. L. (2005). The theory and practice of career construction. In S. D. Brown & R. W. Lent (Eds.), *Career development and counseling: Putting theory and research to work* (pp. 42–70). Wiley.

- Smith.B.A.,Mills,L.,Amundson,N.,Niles,S.,Yoon.H.J.In,H. (2014). What helps and hinders post-secondary students who maintain high levels of hope despite experiencing significant barriers. Canadian *Journal of Career Development,*13(2),59-74.

- Snyder,C.R.(2002).Target article:Hope theory:Rainbows in the mind. *Psychological Inquiry.*13(4),249-275.

- Yoon,H.J.,Bailey.N.,Amundson.N.E.,& Niles,S.G.(2019).The effect of a career development programme based on the Hope-Action Theory:Hope to Work for refugees in British Columbia. *British Journal of Guidance and Counselling*, 47(1), 6-19

资源拓展

希望 – 行动量表

通过希望 – 行动量表（Hope-Action Inventory，HAI，Niles et al.，2011），你可以评估自己与希望 – 行动相关的胜任力水平。该量表可以在测评平台在线使用（需要付费购买）。在回顾你具备的希望 – 行动胜任力时，要经常练习和反思这些要点。

培养希望 – 行动胜任力的策略

1. 希望

- 每天进行积极的自我对话（例如"我可以掌控自己的人生""我的未来前途无量""我值得拥有爱"等）。

- 识别你当前生活环境中的积极方面。

- 了解洛丽·施耐德的更多信息，思考她如何在人生遭遇挑战时仍保持希望。

- 找出一位你钦佩的名人，然后在互联网上阅读有关他的信息。思考"这个人克服了哪些困难""这个人是如何保持希望的"。

2. 自我反思

- 反思你最快乐的时刻，并写下你在那时做了什么。

- 反思生活中哪些是你热爱的事物。

- 反思能给你带来快乐的活动和经历。

- 反思一下，你是如何与你的家人、朋友、同事、同学等互动的？你喜欢与他们互动的哪些方面？你想改变你们的互动方式吗？

3. 自我澄清

- 列出三个你最喜欢参与的活动。

- 列出三个你最喜欢使用的技能。

- 列出三件对你来说最重要的事。

- 用一个句子、一段话或一页纸来描述你自己，将你的价值观、技能、兴趣、人生角色、动机和个性特质等要点综合起来。

4. 愿景

- 考虑一下你的哪些人生角色对你而言最重要，在未来 5 年内你希望对于每个角色实现什么目标？

- 如果明天你买的彩票会中大奖，那么你准备在未来 5 年内做些什么？

- 如果明天你买的彩票会中大奖，除了目前你计划做的事情，未来的 5 年中你还准备做些什么？

- 定期（至少每周一次）憧憬你期望的未来。

5. 目标设定与规划

- 根据你的价值观和愿景，为未来几年设定具体且可衡量的目标。

- 使用头脑风暴列出你可以采取哪些措施来实现目标。

- 制订出反映长期目标的周计划。

- 确定今天你希望完成的一件事，并将其纳入当天的待办事项清单。

6. 执行与调整

- 为自己的目标确定一个可执行的规划。

- 当你认为自己的规划已经清楚明晰了，请立即开始执行它。

- 每周或每天审视你实现目标和规划的进展。

- 当你遇到重大的障碍或更好的机会时，必须对你的规划或行动进行调整。

本书第一部分的内容是理解"希望"在职业生涯和教育规划中核心地位的基础。这一部分提供了一个评估方法来帮助你确定目前的希望水平。然后介绍了奈尔斯、阿蒙森和尹亨俊（2010）提出的理论，该理论描述了让人受益终生的能力，这些能力可以指导你进行职业生涯和教育规划，并提升你对未来职业生涯的希望。在这一部分中，还围绕希望－行动理论的一些内容，设置了一些练习活动，引导你提升自我意识，在充分了解自己梦想的基础上探索未来的可能性。

本书的第二部分将更深入地探讨自我反思和自我澄清，细致分析这两个步骤的基本要素，并提供具体的练习活动。这些练习活动对于职业生涯和教育规划至关重要，你可以利用这些练习活动来增强自我反思，提升自我澄清。在你的规划中，你所做的每一件事都将建立在明确"你是谁"，以及"你希望成为谁"的基础上。这种理解有助于你看到更多的可能性和创设未来的愿景。因此，不要急于跳过这一部分。我们提供的练习活动将使你受益良多，尤其在确定未来愿景，进行求职活动，持续反思"你是谁""你正在成为谁"和"你希望成为谁"等方面。

第二部分

自我反思与自我澄清

第三章　追求你的兴趣爱好

目标

本章侧重于通过关注兴趣爱好获得更深层次的自我澄清。阅读本章并完成相应的练习活动后，希望你可以初步了解以下内容。

● 识别你的全部兴趣爱好，分析这些兴趣爱好中蕴含的不同类型；

● 用约翰·霍兰德（John Holland）的理论来识别你的兴趣；

● 根据你的霍兰德代码（Holland codes）找到匹配的职业选项。

案 例

　　大约 7 年前，桑托什一家从印度搬到了美国。他是这个大家庭 5 个孩子中的老大，父亲是一名工程师，母亲待业在家照顾孩子。桑托什在学校表现不错，尤其在计算机方面，非常有天赋。桑托什的父亲鼓励他追求和发展这个兴趣，因此，他选择了计算机科学专业并开始学习相关课程。

　　桑托什在学业上取得了很好的成绩，但他不确定计算机科学专业是不是自己想要追求和发展的领域。虽然他很擅长处理计算机方面的技术问题，但他只有在教授别人知识时，才会真正感到兴奋。有时候，桑托什和他的两个侄女一起学习，对于教她们如何使用计算机乐此不疲。桑托什的朋友们也非常依赖他提供计算机方面的技术支持和帮助，他也愿意在朋友面前展示他在计算机方面的特长和所学。

　　桑托什在教授别人如何使用计算机时总是非常投入。他与人打交道时非常有耐心，体贴、周到并总是鼓励对方，而且他似乎能与所有年龄段的人在一起工作。但桑托什的父亲不希望他把时间浪费在教育领域，认为教师的收入不高，并且许多教师在结束自己的职业生涯时都感到身心俱疲。桑托什的母亲对他未来可能从事的职业持开放态度，但她习惯于顺从丈夫的意愿。

　　桑托什也不想违背父亲的意愿，但他认为自己需要为自己的职业决策负责，不希望自己在职业生涯结束时后悔自己从未有机会教书育人。

在案例中，桑托什似乎找到了自己的兴趣爱好，但他也必须应对来自父亲的压力。这对许多人来说是一个常见的困境，当家庭成员内部存在意见分歧时，可以考虑不同的处理方法。例如在这个案例中，虽然兴趣爱好对桑托什而言非常重要，但他父亲（重要他人）的意见权重更大。

识别和分析兴趣爱好

本书提出了这样一个观点，即追求自己的兴趣爱好通常是最佳选择（Tamny，2018）。能够在工作中追求自己兴趣爱好的人通常更为投入，也更容易取得成功。罗伯特·库珀（Robert Cooper，2001）博士通过研究，得出以下结论。

> 在过去40年里对40多万美国人开展的研究表明，追求你的兴趣爱好——即使是每天或多或少地追求，都会帮助你充分地发挥能力，还能鼓励你培养和提升新的能力。在工作中追求兴趣爱好，还可以帮助你在人生中保持青春活力！

库珀还描述了一项研究，研究人们在追求自己的兴趣爱好时赚了多少钱。在这项经典研究中，研究人员访谈了1500名商学院学生。学生被分为两组，一组人（1245人）上大学的动机似乎主要是为了毕业后赚钱，人数较少的另一组人（255人）打算通过攻读学位来从事他们更为关注的事情（事业）。研究人员对这些学生进行了跟踪调查，20年后，发现其中101人已经成了百万富翁。非常有意义的分析结果是，其中只有1人来自第一组，其他100名百万富翁均来自第二组的 255 名学生，他们接受教育，以便可以更好地追求和发展自己的兴趣爱好。

这表明，发现自己的兴趣爱好是职业生涯发展过程中的一个非常重要的环节。但是如果你有不止一个兴趣爱好，应当如何确定哪一个兴趣爱好是自己的最爱呢？让我们从一个简单的练习开始，请你拿一张白纸，写下你喜欢做的所有事情。不要把自己喜欢的事情局限在工作或学习领域，想想生活中有哪些事物能给你带来快乐？你可能是一个喜欢散步、喜欢看电影，或喜欢为朋友做特别晚餐的人。无论你喜欢什么，请把它们写在下面。

活动 3.1　我喜欢的事情

以下是我在休闲、工作和居家时间喜欢做的事情：

_____

_____

现在你有了一份清单，请仔细查看并添加一些其他你可能喜欢做但还没有机会尝试的事情。用不同颜色的笔来区分新添加的事情和清单上原有的事情。

如果你发现清单上的事情很少，请回想几年前你曾喜欢的事情。把这些事情添加上去，尽可能使你的清单全面而完整。

现在你已经列出了很多事情，请选出其中你最感兴趣的 5 件事情进行分析，并分别回答下面 5 个问题。

1. 我喜欢_____

- 我上次做这件事情是什么时候？

  _____

- 我是独自做的这件事还是和别人一起做的？

  _____

- 规划做这件事情需要付出多少？

  _____

- 我从这件事情中获得了什么（例如它对我的身体、心理、情感和精神方面有何影响等）？

  _____

- 我需要怎么做才能为这件事情争取更多的余地？

  _____

2. 我喜欢_____

- 我上次做这件事情是什么时候？

  _____

- 我是独自做的这件事还是和别人一起做的？

  _____

- 规划做这件事情需要付出多少？

  _____

- 我从这件事情中获得了什么（例如它对我的身体、心理、情感和精神方面有何影响等）？

  _____

- 我需要怎么做才能为这件事情争取更多的余地？

_____

3. 我喜欢_____

- 我上次做这件事情是什么时候？

_____

- 我是独自做的这件事还是和别人一起做的？

_____

- 规划做这件事情需要付出多少？

_____

- 我从这件事情中获得了什么（例如它对我的身体、心理、情感和精神方面有何影响等）？

_____

- 我需要怎么做才能为这件事情争取更多的余地？

_____

4. 我喜欢_____

- 我上次做这件事情是什么时候？

_____

- 我是独自做的这件事还是和别人一起做的？

_____

- 规划做这件事情需要付出多少？

_____

- 我从这件事情中获得了什么（例如它对我的身体、心理、情感和
  精神方面有何影响等）？

_____

- 我需要怎么做才能为这件事情争取更多的余地？

_____

5. 我喜欢_____

- 我上次做这件事情是什么时候？

_____

- 我是独自做的这件事还是和别人一起做的？

_____

- 规划做这件事情需要付出多少？

_____

- 我从这件事情中获得了什么（例如它对我的身体、心理、情感和
  精神方面有何影响等）？

_____

- 我需要怎么做才能为这件事情争取更多的余地？

_____

分析：对比分析你最喜欢的 5 件事情和清单上的其他事情，你能从

中得出哪些具有共性的主题？例如，你可能发现自己喜欢对个人有挑战性的事情；或者需要做某事来摆脱日常生活的巨大压力。无论哪种情况，广泛地思考做这些事情满足了你哪些潜在需求。

提示：在进行分析时，听取他人的意见会很有帮助。如果你们采取小组形式完成这个活动，建议你们分成更小的组以充分讨论和分析。请把结果写在下面。

_____

_____

_____

_____

应用：如何把你识别出的这些主题与你所追求的职业和生活目标结合起来？这些主题有没有在你的教育、工作、生活决策中体现？请把结果写在下面。

_____

_____

_____

_____

前面的练习侧重于你喜欢做的事情，接下来我们看一看如果采用相反的思路会得到什么。有哪些事情是你不喜欢做的？花一些时间列出一些与你的兴趣清单绝对不符的事情，写在下面。

_____

_____

_____

_____

活动 3.2 我不喜欢的事情

以下是我在休闲、工作和居家时不喜欢做的事情。

_____

_____

把其中的一些事情转换思路，从相反的角度来审视。例如，假设你很不喜欢打开行李箱归整东西，那么你可能对按照说明书组装感到为难。但从另一个角度来看待这个问题，你可能是一个拥有"大局观"的人，不太喜欢关注细枝末节。或者，你不喜欢从阅读中获得知识的方式，也许你更善于在实践中学习。

选择 5 件你列出的事情，从相反的角度思考。当从相反角度审视它们时，你会想到什么？请写在下面。

相反的角度

1. 我不喜欢_____

从相反的角度，它是：

_____

_____

_____

2. 我不喜欢_____

从相反的角度，它是：

_____

_____

_____

57

_____

3. 我不喜欢_____

从相反的角度，它是：

_____

_____

_____

_____

4. 我不喜欢_____

从相反的角度，它是：

_____

_____

_____

_____

5. 我不喜欢_____

从相反的角度，它是：

_____

_____

_____

_____

　　分析：对比分析这 5 件事情和你"不喜欢清单"上的其他事情，你能从中得出哪些共性的主题？提示：和前面的活动一样，在进行分析时听取他人的意见会很有帮助。如果你们是以小组形式完成这个活动，建议你们分成更小的组以充分讨论和分析。请把结果写在下面。

_____

_____

_____

应用：你将如何把这些具有共性的主题与你所追求的职业或生活目标结合起来？这些主题是否反映在你的学习、工作、生活决策中？请把结果写在下面。

_____

_____

_____

霍兰德职业兴趣理论

著名的职业生涯发展专家约翰·霍兰德博士（1994）研发了一种被广泛使用的职业兴趣分类系统，这个系统可用于分析人的兴趣与工作环境的关系。在这个兴趣分类系统中，分为6种不同类型的兴趣/特质（interests/personality），它们对个

小贴士

通过深入地探索兴趣，你可以推导出一些有助于确定职业整体满意度的基本模式。但问题在于如何系统地将这些模式融入你的职业和生活。

人职业决策具有一定的指导意义，分别描述如下。

现实型（realistic，R）的人喜欢使用工具、物品、机器或动物，并在工作中发展手工、机械、农业或电气等相关技能。他们很实际，动手能力强，喜欢做具体的事情。这个类型的职业主要与建造或维修相关。

研究型（investigative，I）的人喜欢从事与生物和物理相关的工作，并注重培养与数学和科学相关的技能。他们充满好奇，乐于学习，并行事独立。这个类型的职业集中在科学和医学领域。

艺术型（artistic，A）的人喜欢参与富于变化的、规则性弱的创造性活动。他们倾向于创新和开放，乐于发展自己在语言、艺术、音乐和戏剧等方面的技能。这个类型的人适合的职业要有一定灵活性，并有机会发挥其创造性才能。

社会型（social，S）的人适合那些教育咨询、提供情感支持和指导、与他人互动等类型的活动。他们乐于助人、与人为善、待人友好，具备良好的沟通技巧。这个类型的职业侧重于社会工作、护理、教育和咨询等领域。

企业型（enterprising，E）的人喜欢领导或影响他人。他们发展自己良好的沟通技巧，并极具说服力。同时，他们外向、自信、精力充沛、雄心勃勃。这个类型的职业包括营销和管理，他们也倾向于自主创业。

事务性（conventional，C）的人会运用他们的组织能力和文书技能专注于以清晰、准确的方式组织信息，在执行这些任务时，他们尽责、可靠并注重细节。

活动 3.3　霍兰德职业兴趣应用

　　想一想，自己的兴趣和特质与哪种类型最匹配？霍兰德建议，最多从这些类型中选择三种，并根据匹配程度进行排序。把这三个兴趣类型依次写在下面，就得到了你的霍兰德代码（Holland code）。你可以通过对兴趣类型的描述来匹配自己的类型，但进行专业的测评可能更有帮助。O*NET[①] 的兴趣分析（Interest Profiler）是一个免费的测评工具，可以帮助你识别兴趣类型并匹配职业。

　　提示：作为另一个选项，你可以使用约翰·霍兰德的自我导向搜索工具（self-directed search）进行兴趣分析。

1.＿＿＿＿＿＿＿＿＿＿＿＿＿＿＿＿＿＿＿＿＿＿＿＿＿＿＿＿＿

2.＿＿＿＿＿＿＿＿＿＿＿＿＿＿＿＿＿＿＿＿＿＿＿＿＿＿＿＿＿

3.＿＿＿＿＿＿＿＿＿＿＿＿＿＿＿＿＿＿＿＿＿＿＿＿＿＿＿＿＿

　　举个例子，假设你的兴趣和特质最符合社会型（S），但你觉得自己与企业型（E）和艺术型（A）也有某些联系，那么你的霍兰德代码就是 SEA（其中 S 是你的霍兰德主代码）。根据这个结果，你可能会考虑从事社会性工作、咨询、人力资源管理、特殊教育、社区管理者等相关领域的职业。一旦你得到了自己的霍兰德代码，就可以使用"教育机会搜索器"（educational opportunities finder）（Rosen et al., 1999）来寻找符合你兴趣的学习课程。你也可以使用"职业搜索器"（occupations finder）（Holland, 1994）、"霍兰德职业词典"（*Dictionary of Holland Occupational Titles*）（Gottfredson & Holland, 1996），或者使用 O*NET 数据库等资源来寻找未来可能从事的职业。

　　在这些资源中，最全面、最容易操作的是 O*NET 数据库。它可以

---

① O*NET，即 Occupational Networking Information，是由美国劳工部组织开发的工作分析系统，吸收了多种工作分析问卷（如 PAQ、CMQ 等）的优点，成为美国广泛应用的工作分析工具。

让你用你的霍兰德代码找到匹配的职业。首先，在该数据库网页上点击你的霍兰德主代码。然后在下一个页面点击第二、第三代码。提交后，与你的霍兰德代码相匹配的职业列表会显示在页面下方。例如你的霍兰德代码是 SEA，则在页面相应的位置依次从三个下拉菜单中选择S-Social、E-Enterprising 和 A-Artistic，并提交选择。你也可以选择只输入一个或两个代码，以扩大职业搜索范围。在下一个页面，将显示与你的霍兰德代码相匹配的职业名称列表。

在匹配的职业列表中选择 5 个你想进一步探索的职业，写在下面。

1.＿＿＿＿＿＿＿＿＿＿＿＿＿＿＿＿＿＿＿＿＿＿＿＿＿＿

2.＿＿＿＿＿＿＿＿＿＿＿＿＿＿＿＿＿＿＿＿＿＿＿＿＿＿

3.＿＿＿＿＿＿＿＿＿＿＿＿＿＿＿＿＿＿＿＿＿＿＿＿＿＿

4.＿＿＿＿＿＿＿＿＿＿＿＿＿＿＿＿＿＿＿＿＿＿＿＿＿＿

5.＿＿＿＿＿＿＿＿＿＿＿＿＿＿＿＿＿＿＿＿＿＿＿＿＿＿

为了扩大职业选择的范围，还可以稍微调整一下你的霍兰德代码（O*NET 页面为你提供的结果考虑了所有可能的代码排列组合）。例如，你可能需要考虑以下代码对应的结果：SEA、SAE、ASE、AES、ESA、EAS。通过扩大职业选择范围，可以增加你的职业（或教育）选项。

在扩大后的职业选择范围中，再次列出至少 5 个适合你的其他职业，写在下面。

1.＿＿＿＿＿＿＿＿＿＿＿＿＿＿＿＿＿＿＿＿＿＿＿＿＿＿

2.＿＿＿＿＿＿＿＿＿＿＿＿＿＿＿＿＿＿＿＿＿＿＿＿＿＿

3.＿＿＿＿＿＿＿＿＿＿＿＿＿＿＿＿＿＿＿＿＿＿＿＿＿＿

4.＿＿＿＿＿＿＿＿＿＿＿＿＿＿＿＿＿＿＿＿＿＿＿＿＿＿

5.＿＿＿＿＿＿＿＿＿＿＿＿＿＿＿＿＿＿＿＿＿＿＿＿＿＿

本章开篇的案例中，桑托什决定与他们家一位身为教师的朋友进行交谈。交谈后，桑托什发现父亲告诉他的那些关于教师的职业情况大多是属实的。这让桑

小贴士

请记录下任何你觉得感兴趣，并且想进一步探索的职业。

托什认为选择教师作为职业可能不是最好的选择，于是毕业后在一家大型进出口公司的计算机支持部门找了份工作，他的工作内容是确保计算机系统稳定运行。

虽然桑托什很高兴获得一份薪水颇丰的工作，但他觉得这份工作本身并不是那么有趣。他的大部分时间都花在解决各种计算机运行故障上。桑托什觉得是不是自己对工作的期望太高了，毕竟，他有了一份固定的工作，而且这份工作收入也不错，他也喜欢和周围的同事一起共事。然而，他心里仍然抱有一丝微弱的希望，期待有一些办法可以帮助他找到更符合自己职业兴趣的工作。

有很多人选择职业的经历都和桑托什类似，他们找到了一份可能满足自己某方面兴趣的工作，但其余的兴趣并没有在这份工作中得到满足。在这里，我们建议人们在进行职业选择时，或许应该努力争取更多的东西（生涯发展）。我们来看看桑托什是如何解决这个难题的。

在工作了大约 6 个月后，桑托什变得越来越沮丧。但桑托什发现其他部门的同事在使用计算机时反复出现同样的错误，于是在与主管讨论后，他决定为公司人员提供一些初级计算机培训。参加第一期培训的员工人数很少，但培训效果却非常好。几个月后，同事们普遍认为这次培训发挥了重要的作用。桑托什非常喜欢培训，他很快就意识到自己对目前工作的满意度提升了。他喜欢教

授计算机相关的知识，并向人们展示如何充分利用计算机提高工作效率。最终，他的职业兴趣与正在从事的工作趋于一致。

虽然桑托什的工作主要在计算机技术相关领域，但他现在也把教学的兴趣融入工作中（这与职业生涯发展不谋而合）。通过将这两种兴趣结合起来，极大地提高了他对工作的满意度。对于桑托什来说，作为专职教师教授计算机知识固然是一种职业选择，但这并不是将两种兴趣结合起来的唯一选项。在规划自己的职业生涯时，"跳出固有的思维模式"非常重要。

以兴趣为基础选择职业时，对你期望匹配的兴趣有一个清晰的认知至关重要。如果一开始就选择可以满足你大多数兴趣的职业领域当然很好，但职业世界是非常复杂多变的，职业生涯发展不仅是要找到合适的职业领域，还是贯穿终生的持续过程，你要经历许许多多的职业决策。

生涯中心轮盘中的职业兴趣

毫无疑问，兴趣在促进职业生涯发展方面发挥着重要作用。除了兴趣，是否还有其他需要考虑的因素呢？仅仅对某个职业领域感兴趣就足够了吗？回答这些问题，需要使用更广泛的理论框架，例如生涯中心轮盘（centric wheel）。生涯中心轮盘（见图3-1）既强调内部因素（例如技能、兴趣、价值观、个性特质等），也强调外部因素（重要他人、学习经历、工作和生活经历、工作机会）（Amundson，1989；Amundson & Poehnell，2003）。

"兴趣"只是生涯中心轮盘的一部分，是职业选择需要考虑的因素之一，除此之外还有许多其他因素，需要你综合考虑。

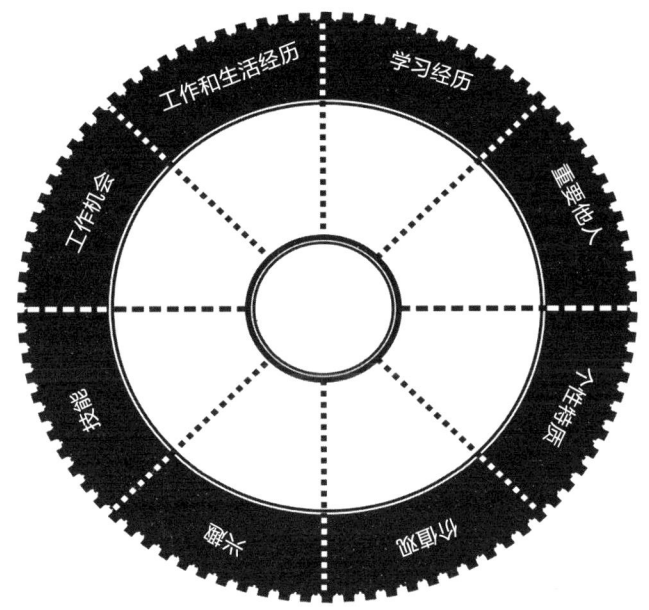

图 3-1 生涯中心轮盘

资料来源：版权所有 © 2008 Ergon Communications

图 3-1 中之所以使用虚线划分各部分，是因为各种因素对职业选择的重要性因人而异。例如在本章开篇的案例中，虽然兴趣对桑托什很重要，但他父亲（重要他人）的意见更有分量，因此，对于桑托什而言，生涯中心轮盘中"重要他人"部分的面积可能比其他任何一部分都要大两三倍。

随着对生涯探索的不断深入，在接下来的各章中，我们将分别讨论生涯中心轮盘的各个部分。这是一个系统化的模型，只有通盘考虑所有因素，才能找出核心决策点。在深入探索的过程中，你还需要留意各部分的结论是否一致。

小结 ¡!!

本章介绍了两种探索职业兴趣的方法。第一个方法是深入探索你喜欢做的事情和你不喜欢做的事情（对它们进行转换以获得全新的视角）。这种探索会帮助你识别个人兴趣的共性主题，并思考如何将这些主题应用于其他领域。第二个方法是较为传统的霍兰德职业兴趣理论的应用，使用 6 个不同的职业兴趣类型来确定你的霍兰德代码。然后使用霍兰德代码与职业生涯和教育决策进行匹配。

问题反思与讨论 ???

1. 你（或你认识的人）遇到过追求兴趣爱好却与重要他人的意愿相冲突的情况吗？描述这个情况并讨论处理此类冲突的策略。

2. 当桑托什解决他的困境时，他必须"跳出固有的思维模式"。你有没有遇到过需要发挥创造力才能确保自己的需求得到满足的情况？描述这个情况并讨论思维模式的转变。

3. 当你将兴趣视为生涯中心轮盘的一部分时，你认为它的面积与其他因素相比有多大（例如相同、更大或更小）？你做出这些判断的理由是什么？你的生涯中心轮盘将如何影响你对未来职业生涯及人生的决策？

参考文献

- Amundson, N. E. (1989). A model of individual career counseling. *Journal of Employment Counseling*, 26(3), 132–138.

- Amundson, N. E. & Poehnell, G. (2003). *Career pathways* (3rd ed.). Ergon Communications.

- Cooper, R. K. (2001). *The other 90%: How to unlock your vast untapped potential for leadership and life.* Three Rivers Press.

- Gottfredson, L. S. & Holland, J. L. (1996). *The dictionary of Holland occupational codes.* Psychological Assessment Resources.

- Holland, J. L. (1994). *The occupations finder*. Psychological Assessment Resources.

- Rosen, D., Holmberg, K. & Holland, J. L.(1999). *The educational opportunities finder.* Psychological Assessment Resources.

- Tamny, J. (2018). *The end of work: Why your passions can become your job.* Regnery.

第四章　技能映射——你具备的技能和所需的技能

目标

本章重点讨论技能在职业生涯发展中的作用。阅读本章并完成相应的练习活动后，希望你可以初步了解以下内容。

● 通过成就映射你的可迁移技能；

● 将你的技能与你感兴趣的领域中的成功从业者进行比较；

● 技能差距分析；

● 采取措施以弥补技能的不足；

● 将你的技能排序展示。

案　例

罗苏琪心情愉悦，因为下学期她就要毕业了。留学 6 年的她以优异的成绩完成了高中学业，并且在整个大学时期一直是一个 A+ 的优秀学生。从高中到大学，她一直是留学生协会的活跃成员，也一直是该协会的理事会成员，后来担任了活动协调员，今年又当选协会主席。

罗苏琪查看了学校的就业中心网站，她想查找一些用人单位的招聘信息。她的许多朋友在寒暑假时都会去工作，有些人甚至在上学期间也会去做一些兼职。但是罗苏琪从来没有工作的经历，为了让她专注自己的学业并取得好成绩，她的家人在经济上给了她足够的支持。她积极参加留学生协会的各种活动，几乎把所有闲暇时间都投入其中。

罗苏琪获得了工作签证，可以留在这个国家工作。她的职业生涯目标是毕业后继续留在这个城市生活和工作。她的英语很流利，结交了很多志同道合的好朋友。她也很喜欢在假期回到自己的国家，体验回家的感觉。

她通过就业中心网站查找招聘信息时发现，几乎每个职位都要求应聘者具备工作经验，这让她非常沮丧。难道自己所有的努力（她对学业的专注以及对留学生协会的投入）无法换来一份满意的工作吗？她不知道该如何对父母解释，当地的雇主并不看重她的在校成绩，他们关心的只是她之前是否有过工作经验。

罗苏琪的经历与许多优秀的学生极为相似，他们在自己的专业领域，以及在体育、音乐或舞蹈等方面非常用功，也积极参加志愿活动，他们在生活或学习的某些领域成绩斐然，但在申请工作或制作求职简历时，却没有任何带薪工作经验可以填写。缺乏带薪工作经验并不意味着缺乏相关工作能力，关键是要识别出自己的可衡量成就和可迁移技能，让潜在雇主相信你正是他们在寻找的人。从另一个角度看，对自己的技能有更清晰的认知，也会让你更为积极并充满希望。"希望"是希望－行动理论的核心。并非只有带薪工作经验才能证明工作能力，学业成绩、社团管理和许多其他活动同样能够证明你的工作能力，意识到这一点尤为重要。

在本章中，我们将循序渐进地指导你挖掘丰富的生活经验，并让雇主看到，你的经验与他们要求的带薪工作经验等同，甚至"有过之而无不及"。当然，本章的内容也适用于已经拥有大量工作经验的人，帮助其识别和缩短目前具备的技能与职业生涯发展所需的技能之间的差距。在整个职业生涯中，我们需要将各种各样的工作经验、生活经验转换成招聘人员、人力资源专家或招聘经理能够理解的语言。本章将帮助你识别和展示自己的可迁移技能，将你拥有的技能与你感兴趣的领域的成功从业者拥有的技能进行比较，制定策略来克服你在所需技能方面的不足。同时，本章的内容还包括把复杂的信息组织成具体的证据，证明你可以成功地把已有的能力运用到你感兴趣的工作中。

根据成就映射可迁移技能

让我们先从成就列表开始吧，它是一个非常重要的起点。成就列表与职责、责任或课程要求列表不同，它记录了你所有活动的结果，展示了你在生活、工作、学习等各个领域中取得的成就。克里斯·马格努森（Kris Magnusson，2001）是一位加拿大教育咨询师，他开发了一个5P框架，可以帮助你进行成就分析。5P分别指自豪（pride）、激情（passion）、目标（purpose）、展示（performance）和平衡（poise）。为了找到可以让你前程似锦的工作，认识到自己的特殊才能并将其有效地展示给他人至关重要。系统地收集能证明你技能的资料（例如把你在学校或工作中取得的成功案例呈现在职业生涯档案中）是一项重要而持续的活动。下面的练习将帮助你初窥门径。

活动 4.1　成就档案

以下八个步骤将帮助你描述成就，请跟随活动导引并参考案例，把答案依次写在横线上。

1. 回忆你人生中特别自豪的时刻

例如，罗苏琪写道："能被同学选为留学生协会主席，我感到非常兴奋。"

_____

_____

2. 认可你对那些值得自豪时刻的贡献

例如，罗苏琪写道："起初，把自己的名字和协会主席的头衔放在一起，我会感觉紧张，后来，我和我的导师交谈，他帮助我了解当选后我可以做出什么贡献，以及我可以从中得到哪些收获，于是我便成立了一个小组来帮助自己参加协会主席竞选。我刻苦地练习演讲，甚至两次请教专业的演讲教练。我还做了一项调查，找出协会成员认为最迫切的需求是什么。最后，我制定了解决这些需求的策略，并在我的竞选传单、社交媒体和所有演讲中介绍它们。"

_____

_____

_____

3. 把你的自豪时刻想象成一个故事。使用头脑风暴为每个故事想出一个简短、贴切的标题，并创建一个成就列表（你完成任务而获得的成就）。

例如，罗苏琪将她的故事命名为"主席选举"，并列出了一些任务：咨询导师、组建竞选小组、调查成员要求、进行展示、开展竞选活动、制作竞选传单和社交媒体内容。

_____

_____

_____

_____

4. 为每一个自豪时刻归纳一个最重要的成就或结果。

例如，罗苏琪写道："我当选了留学生协会主席。"

_____

_____

5. 用"全局"视角来审视你写下的所有成就。识别反复出现的模式或主题，它们可能表明你对某些事物或方式充满热情。

例如，当罗苏琪回顾自己的成就时，她注意到自己总是与他人协商，以迅速弥补自己技能的不足（请演讲教练指导自己演讲），并采取创造性的方法开发资源。

_____

_____

_____

_____

6. 回顾你生活中取得的成就彰显出的激情。确定如何更好地将你的激情付诸行动，这将有助于明确你的目的或职业目标。

例如，罗苏琪写道："我热衷于做出重大改变——让世界变得更美好。我想在一个以重要且有意义的事业为使命的组织中工作，我希望我的职业角色与改善人们的生活有明确的关联。"

_____

_____

_____

_____

7. 5P框架的下一个步骤是呈现，为你的激情寻找一个目标。列出哪些场景可以展现你的技能。

例如，罗苏琪列出了她在留学生协会中的部分角色是"在一项具体的协会工作中；在志愿者活动中；在一项体育运动中"。

_____

_____

8. 最后，平衡来自实践。你生活和职业生涯的许多亮点（成就），可能发生在你练习了一项技能并达到与所需技能相平衡的状态后。详细记录这些成就，深入思考并与可能影响你职业生涯的其他人分享。

例如，罗苏琪写道："我有信心与 4 ～ 400 人的小组交谈。我在最近的三场学校演讲中获得了 100% 的支持率。一位企业家在协会活动中听了我的演讲后，特意邀请我在本地商会的午宴上演讲。"

当你在简历、求职信、职业生涯档案、社交活动、求职面试和社交媒体（如微博或微信朋友圈）上分享这些成就时，你的热情和能量（你的激情）、你的技能和知识（你的表现和姿态）会闪耀夺目。这些自然生动的分享时刻吸引着他人的关注，你完全不再需要令人厌烦的自我推荐。从另一个角度看，当你真正专注于实现人生目标时，你的成就自然会水到渠成。这些成就是你的技能和挑战完美匹配的例证，会成为你职业生涯或生活中记忆深刻的成功故事。

小贴士

你可能需要使用额外的页面来列出并记录你的成就。建议你开始写"成就日记"，可以使用日记本、社交媒体平台、博客等方式持续记录你的成就。

把你的成就概念化为一个 STAR 故事是非常有益的方法。STAR 是情境（situation）、任务（task）、行动（action）和结果

（result）四个英文单词的首字母缩写。STAR 故事可以让你获得更为深入的自我澄清、愿景、目标设定和规划，以及执行并调整规划的策略。STAR 故事能在你建立和完善职业生涯的全过程中发挥作用；它可以帮助你与支持系统建立联系，开始积极地交际，引导你撰写简历和推荐信，以及挖掘具体的思路应对求职面试中的问题。因此，在这个阶段花些时间，使用 STAR 故事将你的成就进行归纳梳理是非常值得的。

活动 4.2　STAR 故事

在进行这个活动时，可以借鉴 5P 练习中归纳的故事。请牢记，一个有效的 STAR 故事不一定非要与工作有关，甚至可以毫不相关。从另一个角度看，STAR 故事的关键在于呈现你的可迁移技能是如何促成重大成就的。要按照以下 5 个简单步骤编写 STAR 故事。

1. 简要描述你的故事背景——情景（S）。回忆一下你赢得奖杯或奖项的时刻，或者你收到的感谢信、绩效评估或他人的积极反馈等，或者曾经有一段时间，你通过高效、快速或创新的方式做成的某件事情产生的重大影响。为你的成就故事写下 3 种情景。例如，罗苏琪写道："协调一场招聘会。"

———————————————————————————

———————————————————————————

———————————————————————————

2. 回忆你列出的情景，你当时承担的任务（T）是什么？你当时想完成什么？对于上一步列出的每一种情景，请分别在下面简要地写出你的任务（目标）。

例如，罗苏琪写道："与就业中心合作，为留学生组织一场招聘会。"

_____

_____

_____

3. STAR 故事的重要内容是归纳成就，因此，下一步是确定你在所描述的情境下采取的具体行动（A），以及你表现出的态度。请使用行为动词描述你做了什么，以及你是如何做到的。

例如罗苏琪通过以下行动协调了一场招聘会。规划活动流程和展示如何布置场地；编写邀请函、活动公告和电子邮件；制作招聘会海报；通过邀请和注册智能手机应用程序跟踪参会者。她热情、好客、周到。

_____

_____

_____

4. 结果（S）是 STAR 故事中最为重要的部分，因为它直观地展示了你的成就。关注故事的结果，尽可能使用量化的方式呈现出来。请把你故事的结果依次写在下面。

例如，在罗苏琪的组织下，招聘会参会人数超出了留学生协会预期人数的 20%；通过她组织的这场招聘会，有 30% 以上的留学生在毕业后找到了工作。

_____

_____

_____

5. 对 STAR 故事中一些行动的描述可能对你的求职简历大有帮助。

把 STAR 故事转换成简历要点的方法很简单，只需要把你采取的具体行动 A 和结果 S 结合起来即可。把这些要点记录在一份求职简历母版（master resume）中，在简历母版中，你要尽可能收集所有对求职有帮助的资料。当你需要向特定的雇主发送求职简历时，你可以从简历母版中提取相关资料，生成新简历。

例如，罗苏琪写道："协调并组织了留学生招聘会，使在当地就业的毕业生增加了 30%。"

以 5P 框架为基础编写 STAR 故事是识别成就非常有效的方法。另一个识别成就的方法是访谈最了解你的人。向别人询问你有哪些成就，因为别人对于你的成就会有不同的视角和立场。换言之，他们可以从旁观者的角度在相似的情景下看到你和你的成就。许

小贴士

如果你还没有求职简历母版，那么建议你以 STAR 故事为基础，开始制作简历母版的要点。或者，如果你已经拥有一份求职简历母版，请填入你的 STAR 故事中的内容。

多人常常低估了自己的成就，认为"如果我能做到这一点，可能其他任何人都能做到"，所以他们总是倾向于忽视或弱化自己取得的成就。与之相反，有些人总是不自觉地夸大自己的成就，他们没有意识到大部分人都已经取得了同样或

更好的结果。

许多机构使用 360 度评估（360-degree feedback，又称全景式评估）过程来帮助员工更全面地了解他们的工作业绩，这种方法是征求重要他人（例如主管、同事、下属、客户等群体）的反馈意见，这些人曾观察过被反馈员工的工作。受这个方法的启发，你在整理关于自己技能和成就的资料时，可以咨询那些非常了解你或指导过你工作的重要他人，让他们给你提供具体而有效的信息反馈。不同的技能可能会在不同的生活角色中发光，所以还要在不同情境下扩大重要他人的范围，来寻求更全面的信息反馈。你可能会发现，与亲戚、家人、朋友、同行、教练、顾问、导师、主管和同事等沟通都非常有帮助。

虽然你可以通过非正式交谈收集到所需的信息，但通过书面的形式反馈也是一个很好的策略，甚至通过在线调查得到匿名信息反馈的效果也不错。（下面活动中的调查问卷获得了 Ergon 出版社的复制许可。）

活动 4.3　重要他人问卷调查

真诚地感谢您，您的意见对于帮助（你的姓名）制定未来的职业生涯规划非常重要，请如实回答以下问题。

1. 您觉得此人擅长什么？此人展示出哪些方面的技能？

_____

_____

_____

2.您认为此人的主要兴趣领域是什么？

_____

_____

_____

3.您会如何描述此人的个性特质？

_____

_____

_____

4.随着时间的推移，您注意到此人有哪些积极的变化，尤其在工作

或求职方面？

_____

_____

_____

5.此人在哪些方面还可以继续提升？

_____

_____

_____

6.您注意到此人有哪些不容易被识别的技能和特质？

_____

_____

_____

7. 如果让您为此人推荐理想的工作或职业，您会推荐什么？

_____

_____

_____

　　如果你想匿名调查，或受访者在其他城市生活或工作，那么你可以通过某个网站，轻松地设置并生成在线调查问卷，通过电子邮件发送在线调查的链接（网址），并在电子邮件的正文中向受访者介绍你当前的状态。例如，我正在学校读书；我即将毕业；我试图选择专业；我正在寻找兼职工作等。对你而言，这种人际沟通可以产生非常重要的启发或提供具体的工作机会。在线调查时，请向受访者解释你的目的（例如，帮助你澄清职业生涯目标），并请受访者根据他的观察给出真实的信息反馈。调查问题可能会询问受访者对你的优势、技能或挑战的看法，以及对你可能从事的职业、学习领域或其他相关内容的建议。请至少调查 5~10 人，以便获得的数据足够归纳出相同的主题。还要注意，在邮件中请求受访者在特定日期之前给你反馈。对于短期调查，设定几天的时间就足够了。留给受访者的时间太长反而会让他们把你的电子邮件放在一边，把调查埋没在一长串的"待办事项"中。

　　在分析调查结果后，请一定感谢及时给你信息反馈的受访者，最好告诉他们你所做出的职业生涯决策，这会让你的人际关系更好地助力你的职业生涯发展。你可能会发现同一群人在职业生涯发展的愿景、目标设定与规划、执行与调适阶段都会给你帮助。此外，这样做还有一个好处，他们的积极反馈和支持很可能会帮助你保持希望，而希望是职业生涯发展的核心要素。

当然，并非所有的调查结果都是正面的。你需要的是真实的反馈，问题5中特别询问了你需要改进的方面。因此，重要的是不要采取自我防御措施，更不要认为别人的反馈是对你的"人身攻击"，要保持平常心态。客观地看待批评性反馈虽然很难做到，但你可能会从中发现一些重要的真相。学会接受和重视反馈是一项重要的职业技能，它会让你在未来的成就评估中有所受益。

你可以从调查结果中了解受访者认为你具备哪些技能。为了弥补或提升他们认为你所欠缺的技能，请回顾一下你刚刚完成的可迁移技能列表。Live Career 网站提供了一个较为全面的可迁移技能列表。O*NET 网站也提供了一个实用的技能列表，并把技能与职业规范、职业描述等信息关联起来。还有一些能力框架，提供了从学校成功过渡到职场的能力列表，以及促进职业生涯成功的基本能力。例如，一个来自加拿大的能力框架给出的职业技能列表为：批判性思维和解决问题的能力；创新、创造和创业精神；学习、自我意识和自我引导能力；协作能力；沟通能力；国际视野和可持续性发展能力。

活动 4.4 从数据中挖掘可迁移技能

你可能已经意识到，除了工作经验，获取可迁移技能相关的信息可能有很多不同的来源。与处理多个来源数据的其他研究类似，有效地组织、综合和分析你的可迁移技能相关信息，然后把它们转换为职场潜在雇主使用的语言风格非常重要。数据挖掘技术在这个阶段可能非常适用。

在进行本活动时，你需要查找一些有关技能描述的材料（例如职位描述、招聘信息或工作绩效评估等），来了解职场的语言范式。

你需要借助一个工具表格。请创建一个的简单表格，其列数为三、行数若干（取决于你的可迁移技能数量）。在第一列的每一行中分别列出你已经确定的可迁移技能。在第二列中，依次将你的技能改写为潜在雇主使用的语言风格（为了熟悉这种语言，请阅读你感兴趣的职位描述）。在第三列中，简要描述你具备该技能的证据，以及你如何培养或展示了它们。

我们以罗苏琪的可迁移技能表格作为示例。罗苏琪对金融管理方面的职业感兴趣，她通过调研了解到，金融管理相关的职位在未来几年将有大量空缺。我们使用相关招聘网站对"金融管理"职业的描述，将她的技能转换成职场使用的语言风格。参照她的可迁移技能表格，请在其后的表格中填写你的技能及相关证据。

示例：罗苏琪的可迁移技能表格

可迁移技能	职场环境中的语言风格	证据
学习能力	快速获取、理解并立即应用新信息的能力；"学习素养"	成绩等级 A+
组织能力	时间管理；项目管理；制定和监控日程表与项目流程	留学生协会活动协调员；成功举办招聘会；成功竞选并担任留学生协会主席
团队协作	组建、指导和激励项目团队；使用人际关系网络发展新业务；协调他人以优化人力资源配置	多个协会的执行会员；与就业中心合作，协调学校历史上最成功的招聘会；与团队合作，以95%的平均成绩完成大学参加的所有团队项目

（续表）

可迁移技能	职场环境中的语言风格	证据
领袖才能	激励他人；规划方向；评估结果；培训他人；监督	担任留学生协会理事、主席；获得连任机会
语言能力：英语/汉语普通话	用英语和汉语普通话清晰、流利地沟通交流；优秀的书面报告能力；自信和引人入胜的演讲风格	口头和书面沟通；本地商会午宴特邀演讲嘉宾；在中国和美国获得的语言课程分数
亲和力	客户服务；关系管理	由同行选举进入多个协会；受到本地雇主赞许并受邀出席商会午宴

现在轮到你了，请完成下面的表格。

可迁移技能	职场环境中的语言风格	证据

活动 4.5　我最想在工作中使用的技能

当你梳理自己拥有的技能（使用你的技能清单、你自己的反思、你的简历、你的 360 度调查问卷或重要他人问卷作为来源）时，考虑哪些技能是你在工作中最有动力使用的（即哪些技能最有可能让你获得工作满意度和事业成功）。

我们还是以罗苏琪的技能作为示例。罗苏琪认为自己有很多技能对未来的工作很有价值，她最想在工作中使用的技能包括：组织活动或工作坊、制作宣传单和社交媒体的内容、举办研讨会，以及通过调查和团队合作的方式开展研究。

请在下面列出 10~15 项你最想在工作中使用的技能。

_____

_____

_____

_____

_____

_____

_____

_____

技能对标

确定了你想在职业生涯中发展的可迁移技能之后，可以对这些技能进行对标。所谓对标，就是将某事物与示例或最佳实践进行比较的方法。例如，找到一个特定技能高超的人，然后将你当前的技能与他的技能进行比较。你需要在你希望从事的领域或具体的职业中选择一位成功的从业者，他们可以是你在招聘会上遇到的人，演讲会的演讲嘉宾，导师、家人、朋友，或者你在电视上、社交媒体上、杂志上关注过的名人。观察他们如何运用你要对标的技能。如果有机会，可以安排一次访谈，与他们讨论这些技能以及他们是如何获得这些技能的。你可能与罗苏琪一样，确定自己拥有与演讲相关的技能，但当你对这项技能进行对标时，可能会发现，在大学讲授课程的教师、在学校迎新会上的演讲嘉宾、善于演讲的总统候选人，以及在数以千人参加的公共活动中的励志演讲者，他们对于演讲相关技能的运用存在相当大的差异。技能对标将帮助你识别不同职业角色在演讲上的细微差别。为了让你的职业生涯顺利过渡到下一个阶段，你需要如何完善或进一步提升你现有的技能呢？

有些技能被认为是基础技能或必备技能。不同的机构和组织对这类技能列出了不同的清单，综合而言，这些技能包括：① 基本的读写能力，例如，阅读、写作、口语、听力和计算能力；② 学习和创新能力；③ 社交或关系处理能力及文化素养；④ 技术能力；⑤ 批判性思维、解决问题和决策能力；⑥ 自我管理等个人品质。当你梳理自己的技能时，不要忽视了这些基础技能。

活动 4.6　基础或必备技能

首先，请绘制一个"基础或必备技能表"，在表格的第一列依次列出 5 项基础或必备技能，无论你未来从事何种工作，这 5 项技能都应该非常重要。然后，思考并确定进一步培养或提升这些技能的策略，把它们写在表格的第二列。最后，在表格的第三列依次列出你如何向潜在雇主展示每一项技能。下面仍以罗苏琪的基础或必备技能表格作为示例。

示例：罗苏琪的"基础或必备技能表"。

重要技能	培养或提升技能的策略	向潜在雇主展示技能的方式
合作能力	继续参加留学生协会的活动；加入校外学生社团组织	在简历中添加团队合作相关内容，详细说明自己在团队合作中取得的成就
多语言能力	与学校和留学生协会的朋友交谈，以提升英语口语水平；通过电话或社交软件与中国的朋友、家人交谈，以加强汉语普通话水平	确保简历或求职信没有语法错误；简历中突出强调自己能使用两种语言听、说、读、写的能力；练习回答一些预设的面试问题
计算机运用能力	选修相关课程以便更加熟悉计算机应用软件，例如 Excel 和 OneNote 等	在简历相关部分添加计算机运用能力的描述（例如"在定制的 Excel 电子表格上跟踪招聘会与会者的注册信息""使用 Word 文档模板创建引人注目的活动海报"）
批判性思维	在留学生协会中更多地参与解决问题和提出决策的讨论或活动	在回答面试问题时，准备好讨论批判性思维的具体案例（例如，"请分享一个传统做事方式无法奏效的例子"）
组织能力	创建任务截止日期的时间表；在 Outlook 中使用日历、优先级标记和任务提醒	确保求职应聘材料的有效组织，简历和求职信格式正确且书写清晰；准时面试

现在轮到你了，请完成下面的表格。

重要技能	培养或提升 技能的策略	向潜在雇主展示 技能的方式

差距分析

通过本章的活动，你可能已经梳理出自己拥有的诸多可迁移技能，这些技能将与你未来的工作息息相关。通过基准测试和查阅职业描述，你会发现自己在一些技能方面的差距。因此，建议你寻找机会，通过学校课程、志愿者活动或带薪工作等方式，战略性地弥补自己在技能上的差距。例如，如果你像罗苏琪一样发现自己需要进一步提升领导能

小贴士

为了弥补技能上的差距，要去寻找培养和提升这些技能的机会，哪怕主动从事你还不太擅长的事情似乎有悖常理。

力，可以主动提出加入学校或社区的社团组织。如果你需要练习书面沟通，可以向期刊投送一些自己撰写的稿件，请同行和审稿人提供批评性的反馈。如果你在团队交流沟通中感觉不自在，可以主动提出作为代表展示下一个团队项目，或者就相关话题为团队成员做一个简短的演讲。

活动 4.7　技能差距分析与提升策略

请在下面的表格中列出你识别出的自己的 5 项技能差距，并为培养和提升这些技能各提供 2~3 种策略。

技能差距	提升策略

提升你所需的技能

通过问卷调查、访谈反馈和技能对标，你已经获得了一些重要的反馈信息，或者你已经识别出自己在技能方面存在的一些无法轻松或快速弥补的不足。在准备与面试官或咨询师对话时，请考虑如何将其中一些批评转换为赞美。例如，如果你以在最后一刻完成工作（拖延症）而名声在外，那么说明你能力强大，能够在非常紧迫的期限内或在巨大的压力下开展工作；如果你给别人的印象是较为害羞、缺少交流，那么说明你在缺少监督的情况下也能够很好地完成工作，且专心致志投入其中。

请在下面的活动中，识别并列出你在技能方面受到的 3 项批评，并将每项批评较为合理地转换为赞美。以罗苏琪为例，她已经预感到自己会因为缺乏工作经验而受到批评。虽然她不能为简历更加完美而编造工作经验，但她可以在参加面试时提供其他证据，证明她通过做志愿者也培养和提升了相关技能。

活动 4.8　将批评转换为赞美

请在下面列出 3 项可能出现在你面试中关于技能的负面评价（批评）。对每项负面评价进行合理地转换（即把批评转换成赞美）。或者提供令人信服的证据，证明你如何在有技能差距的情况下仍然可以有效地从事相关工作。

_____

_____

_____

_____

_____

_____

技能展示排序

通过梳理，你可能也发现了一些不希望在工作中使用的技能（或者可能你愿意使用它们，但它们并不是你工作中使用的主要技能）。随着事业的发展，你可能会暂时或永久地把一些技能搁置，因为你要把新的技能融入你的日常工作。

请在下面列出你不希望在下一个工作岗位中使用的技能。在编写或编辑你的社交媒体资料、简历、求职信或应聘材料时，请将此列表放在手边。一些社交媒体应用程序（例如 LinkedIn）为其他人提供了识别你特定技能的功能，所以对于那些你不想强调的技能，需要采用弱化策略，同时突出那些你希望在下一个工作岗位中使用的技能。

小结　　　　　　　　　　　　　　　　　　　!!!

罗苏琪的案例贯穿本章始终。当她得知可以通过展示她丰富的在校活动经历和生活经历来证明自己具备雇主所期待的技能时，她大大松了一口气。她学会了用雇主使用的语言风格来表达自己的技能，并整理了自己的简历和相关材料，以确保雇主注意到她没有任何带薪工作经验之前，先注意到这些可以证明她具备工作能力的材料。

在本章的练习活动和技能梳理中，你系统地收集了关于自己技能的信息，这是提升自我澄清的重要一步。映射成就和可迁移技能，并从重要他人那里获得积极反馈，可以增强你的信念（希望），让你觉得自己有资格获得想申请的工作。在职业生涯规划过程中，实事求是地识别自己在技能上的差距，可以为战略性地弥补这些差距提供足够的时间。如果等到开始找工作时才去弥补这些差距，那将面临巨大的挑战。你可以通过审视个性特质、价值观和支持资源等，来进一步提升自我澄清水平。

问题反思与讨论　　　　　　　　　　　　?? ?

1. 尽管罗苏琪没有正式的工作经验，但她能够识别几种自己具备的可迁移技能（见活动 4.4 中的案例）。请 2 人一组或 3 人一组，分享一些自己的非正式工作经验，并相互讨论，从这些经验中找出你们各自的可迁移技能。

2. 确定一项你想培养的特殊技能。2 人一组或 3 人一组进行讨论，找出 3 种不同的方法来培养和提升这项技能，并归纳可以证明你已经具备这项技能的切实证据。

3. 访问 O*NET 网站。选择一个你感兴趣的职业类别，然后点击一个特定的职业，阅读对该职业的描述，对照反思你目前的状态，并思考如何提供所需技能的证据。请 2 人一组或 3 人一组讨论，依次论证你有能力胜任所选择的职业。在小组内互相提供反馈，告诉对方

哪些方面做得不错，还存在哪些差距，以及如何提出更有说服力的
论点。

参考文献

- Magnusson, K. (2001). *Highlight: Career conversations and the 5Ps.*

资源拓展

- Kim, L. (2015). *3 ways to discover your hidden natural talent.* Inc.

  这篇文章介绍了 Strengths Launcher 创始人道格·威尔克斯（Doug
  Wilks）发掘天赋的三个关键见解。这些简单的自我反思练习将
  有助于你发掘从小学开始的快乐活动，并将其融入你未来的职业
  生涯。

- Mind Tools. (n.d.). *Test your skill!* MindTools.

  这个 5 分钟的测评可以识别对你而言非常重要的技能维度（例如
  领导和管理能力、解决问题和决策能力、沟通交往能力、时间和
  个人管理能力）。通过阅读每个技能维度的建议和资源来拓阔你的
  思路。

- Morin, A. (2017, January 29). *7 ways to talk about your
  accomplishments without sounding like a braggart.* Forbes.

  当你反思自己的技能时，要小心地在过于夸耀和过于谦虚之间寻

找平衡。这篇文章提供了 7 种有用的方法，教你如何使用一种真实、谦逊的方式表达你的成就。

- Yate, M. (2018, February 9). *The 7 transferable skills to help you change careers*. Forbes.

  这篇文章将可迁移技能定义为：对你的职业成功至关重要，并且对所有工作和职场环境都通用的技能。它们包括技术、沟通、批判性思维、多任务处理、团队合作、创造力和领导力。

第五章　个性特质

目标

作为职业生涯决策的重要组成部分，本章重点讨论了个性特质的相关内容。阅读本章并完成相应的练习活动后，希望你可以初步了解以下内容。

- 结合自我评估和他人观点来评估你的个性特质；

- 了解你个性特质的优势和局限；

- 了解个性特质的有效利用、过度利用和未充分利用。

案　例

梅琳达和弗洛都参加了护理培训课程，但她们的出发点却截然不同。

梅琳达的父母都是医护工作者，这深深影响了她的职业选择。梅琳达期望通过成为一名护士，可以在许多不同的国家工作，并为不同文化群体的健康做出贡献。她非常乐于助人，总是尽其所能地为他人提供帮助。

弗洛出生在马来西亚，她已经在美国生活了 15 年。弗洛的父亲在一所大学担任教师，她的母亲在她 12 岁时去世。多年来，弗洛一直帮助父亲照顾三个弟弟妹妹。弗洛也非常聪明，有兴趣未来在医学领域做出贡献。

梅琳达和弗洛在大学新生欢迎会上相识，并很快成为好朋友。梅琳达很擅长交际，喜欢结交新朋友，尤其喜欢与来自其他文化背景的人交流。梅琳达在小组发言时，表达观点直截了当，不会惧怕与同学或老师的意见相左。相反，弗洛安静、勤奋、学习非常认真，喜欢独来独往，只和亲密的朋友分享坦率意见。

梅琳达和弗洛都参加了职业生涯规划讨论会，开始展望她们未来的发展方向。

本章侧重于个体维度，让我们从一个简短的评估活动开始。评估个性特质的方法很多，其中大多数方法涉及从个人特征列表中选择一些信息，然后将这些信息转换为某种形式的个体"画像"。虽然这类方法非常有效，但它们仅仅关注你看待自己的方式。而我们这里要介绍的方法，将他人的意见与你的自我评估结合起来，可能会更有帮助。基于这一观点，请完成本章中由 5 个步骤组成的评估过程。此评估过程基于诺曼·阿蒙森博士的个性特质调查工具，最初由加拿大心理测量出版（Psychometrics Canada）。本章后半部分内容，包含有关该工具测评结果的详细解析。让我们首先做一个自我评估，然后去咨询在不同境遇中认识你的人（例如在课堂上、在家庭中、在闲暇场所等）。把自我评估和他人评估结合起来，可以为你提供一些更有意义、更具价值的建议。

个性特质评估

活动 5.1　个性特质评估

第一步：自我评估

下面列举了 8 项个性特质的形容词，同时也给出了简短的解释。请投入一些时间，仔细阅读和思考这些个性特质的描述和解释。你会注意到所有的描述都是从积极的角度呈现，这表明所有的个性特质在某些情况下都有其用武之地。你需要关注的是下面 8 项描述与你自己个性特质的符合程度。根据符合程度对这 8 项描述进行排序，从最符合你的 2 项描述开始，一直到最不符合你的 2 项描述。

个性特质描述

- 天真直率（spontaneous）：我会本能地根据自己的冲动行事。

- 善于分析（analytical）：我行事谨慎、细致，并力求准确。

- 开放外向（outgoing）：我精力充沛、善于表达，喜欢与人交流。

- 保守内向（reserved）：我敏感、安静，通常将自己的想法和感受深埋心中。

- 坚定自信（assertive）：我在表达自己的想法和感受时坦率、直白。

- 富有耐心（patient）：我宽容、冷静，喜欢让事情顺其自然。

- 坚强有力（forceful）：我有明确的想法，并能采取行动把事情做好。

- 善解人意（empathic）：我富有同情心和理解力，容易回应他人的感受。

示例：梅琳达对个性特质描述的排序如下，

最为符合她的 2 项描述：

　　天真率直，开放外向（排序分值为 4 分）

然后，她对以下描述进行了排序：

　　善解人意，坚定自信（排序分值为 3 分）

　　坚强有力，善于分析（排序分值为 2 分）

　　富有耐心，保守内向（排序分值为 1 分）

现在，轮到你开始进行自我评估了。

自我评估表

阅读以下描述词，首先选择最符合你的 2 项描述词，然后按照符合程度继续从列表中选择，直到剩下最不符合你的 2 项描述词。

个性特质描述

- 天真直率：我会本能地根据自己的冲动行事。

- 善于分析：我行事谨慎、细致，并力求准确。

- 开放外向：我精力充沛、善于表达，喜欢与人交流。

- 保守内向：我敏感、安静，通常将自己的想法和感受深埋心中。

- 坚定自信：我在表达自己的想法和感受时坦率、直白。

- 富有耐心：我宽容且冷静，喜欢让事情顺其自然。

- 坚强有力：我有明确的想法，并能采取行动把事情做好。

- 善解人意：我富有同情心和理解力，易于反馈他人的感受。

从以上 8 项描述词中选择最符合你的 2 项：

_____（4 分）_____

从剩下的 6 项描述词里，选择最符合你的 2 项：

_____（3 分）_____

从剩下的 4 项描述词里，选择最符合你的 2 项：

_____（2 分）_____

写出剩下的 2 项描述词：

_____（1 分）_____

小贴士

首先让一些非常了解你的人对你进行评估，然后让另一些对你了解有限的人进行评估，对比两次评估的结果可能会非常有意义。

第二步：他人评估

你已经完成了自我评估，下一步可以考虑邀请谁对你的个性特质进行评估。你可以考虑向家人、朋友、同学、同事、雇主、老师等发出咨询邀请。请尝试邀请在不同的境遇中认识你的人。通常而言，建议你至少向 3 人发出咨询邀请，你也可以根据自己的情况确定人数。不要把你自我评估的结果告诉邀请人，你想得到的是他们如何评估你，以及他们对你的评估和你的自我评估之间存在的差别。把下面的表格复印几份，分别交给接受你邀请的咨询人。

他人评估表

（引导语）给你发送本表格的人正在做关于他的个性特质调查。在评估一个人的个性特质时，多元化的观点非常重要。他向你征求意见，因为他认为你的意见会对他有所帮助。非常感谢你的合作并提供反馈信息。

请仔细阅读下面的描述词，首先选择最符合他的 2 项描述词，然后按照符合程度继续从列表中选择，直到剩下最不符合他的 2 项描述词。

个性特质描述

- **天真直率**：他会本能地根据冲动行事。

- **善于分析**：他行事谨慎、细致，并力求准确。

- **开放外向**：他精力充沛、善于表达，喜欢与人交流。

- **保守内向**：他敏感、安静，通常将想法和感受深埋心中。

- **坚定自信**：他在表达想法和感受时坦率、直白。

- **富有耐心**：他宽容、冷静，喜欢让事情顺其自然。

- **坚强有力**：他有明确的想法，并能采取行动把事情做好。

- **善解人意**：他富有同情心和理解力，容易回应别人的感受。

从以上 8 项描述词中选择最符合他的 2 项：

_____（4 分）_____

从剩下的 6 项描述词里，选择最符合他的 2 项：

_____（3 分）_____

从剩下的 4 项描述词中选择最符合他的 2 项：

_____（2 分）_____

写出剩下的 2 项描述词：

_____（1 分）_____

提示：当你完成这张表格时，请把它交给让你填表的人。

第三步：计算分数

接下来，我们开始为你收集到的评估信息计算分数，这个步骤需要进行 3 次计算。

1. 第一次计算

首先依次把个性特质 8 项描述词的自我评估分数和他人评估分数相加。我们继续以梅琳达的评估作为示例。她在自我评估后，把他人评估表格发送了父亲、弗洛和叔叔（与她非常亲近），他们反馈的评估结果如下。

弗洛的反馈：

　　4 分：天真直率、开放外向

　　3 分：坚定自信、善解人意

　　2 分：善于分析、坚强有力

　　1 分：保守内向、富有耐心

父亲的反馈：

　　4 分：天真直率、善于分析

　　3 分：开放外向、坚定自信

　　2 分：坚强有力、善解人意

　　1 分：保守内向、富有耐心

叔叔的反馈:

　　4 分: 开放外向、坚定自信

　　3 分: 天真直率、坚强有力

　　2 分: 善于分析、善解人意

　　1 分: 保守内向、富有耐心

接下来, 梅琳达把自我评估和他人评估的得分依次相加。

- 天真直率　自评:4 分　他评: 4 分、4 分、3 分　合计: 15 分
- 善于分析　自评:2 分　他评: 2 分、4 分、2 分　合计: 10 分
- 开放外向　自评:4 分　他评: 4 分、3 分、4 分　合计: 15 分
- 保守内向　自评:1 分　他评: 1 分、1 分、1 分　合计: 4 分
- 坚定自信　自评:3 分　他评: 3 分、3 分、4 分　合计: 13 分
- 富有耐心　自评:1 分　他评: 1 分、1 分、1 分　合计: 4 分
- 坚强有力　自评:2 分　他评: 2 分、2 分、3 分　合计: 9 分
- 善解人意　自评:3 分　他评: 3 分、2 分、2 分　合计: 10 分

现在轮到你了, 请把你在每项个性特质描述的得分计算出来。

- 天真直率　自评:　　　　他评:　　　　　合计:
- 善于分析　自评:　　　　他评:　　　　　合计:
- 开放外向　自评:　　　　他评:　　　　　合计:
- 保守内向　自评:　　　　他评:　　　　　合计:
- 坚定自信　自评:　　　　他评:　　　　　合计:
- 富有耐心　自评:　　　　他评:　　　　　合计:
- 坚强有力　自评:　　　　他评:　　　　　合计:
- 善解人意　自评:　　　　他评:　　　　　合计:

2. 第二次计算

用下面的公式将这8项个性特质进一步组合成4个主题。

- 影响感召（influencing）＝天真直率＋开放外向
- 和谐融洽（harmonious）＝善解人意＋富有耐心
- 行动导向（action oriented）＝坚定自信＋坚强有力
- 谨慎细致（prudent）＝保守内向＋善于分析

使用这些公式来处理梅琳达的评估结果，她会得到下面的分数。

- 影响感召：15分＋15分＝30分
- 和谐融洽：4分＋10分＝14分
- 行动导向：13分＋9分＝22分
- 谨慎细致：4分＋10分＝14分

现在计算一下你在这4个主题上的得分。

- 影响感召：＿＿＿分＋＿＿＿分＝＿＿＿分
- 和谐融洽：＿＿＿分＋＿＿＿分＝＿＿＿分
- 行动导向：＿＿＿分＋＿＿＿分＝＿＿＿分
- 谨慎细致：＿＿＿分＋＿＿＿分＝＿＿＿分

3. 第三次计算

根据下面的公式将上面4个主题再次组合成4个新主题，并计算得分。

- 人物（people）＝影响感召＋和谐融洽
- 事务（task）＝谨慎细致＋行动导向
- 互动（interactive）＝影响感召＋行动导向
- 内省（introspective）＝和谐融洽＋谨慎细致

以梅琳达为示例，她在这些主题上得到了下面的分数。

- 人物：30 分 + 14 分 = 44 分

- 事务：14 分 + 22 分 = 36 分

- 互动：30 分 + 22 分 = 52 分

- 内省：14 分 + 14 分 = 28 分

现轮到你做最后的计算了。

- 人物：＿＿分 + ＿＿分 = ＿＿分

- 事务：＿＿分 + ＿＿分 = ＿＿分

- 互动：＿＿分 + ＿＿分 = ＿＿分

- 内省：＿＿分 + ＿＿分 = ＿＿分

第四步：分析

现在你已经完成了评估部分并计算了分数，最大的疑惑是"这些分数意味着什么？"首先，让我们审视一下每项个性特质的分数，找出不同的人打分至少有 2 分差距的项。例如，梅琳达在"善于分析"方面给自己打了 2 分，弗洛给她打了 3 分，父亲给她打了 4 分，叔叔给她打了 2 分。一个很有价值的建议是，梅琳达应该和她父亲讨论为什么他在"善于分析"方面对她评价这么高。这不是正确或错误的问题，而只是不同观点的碰撞，重点在于充分理解造成这种评估差异的原因。相对而言，这是一个较为"粗糙"的测评工具，所以关注 1 分差异可能没有什么意义。因此，你需要关注 2 分或更大分数差异的个性特质描述，以便发现并讨论不同观点。

个人特质的优势和局限

了解你个性特质的轮廓画像、优势和局限非常重要，我们需要取长补短，思考如何把这些因素应用到你的生活、学习和工作中。在某个主题上得分较高，表明你对某一特定领域或范围的行为感到舒适和轻松；与之相反，较低的分数可能表明你在某些领域或范围较为不适或局促。如果你在 2 项相对立的主题（例如人物和事务）上得分非常接近，这可能意味着你在这 2 个主题对应的领域或范围之间来回摇摆。

活动 5.2　个性特质的优势与局限

第五步：反思问题

1. 在"和谐融洽""影响感召""行动导向"或"谨慎细致"这几个主题上得分高意味着什么？根据每项个性特质描述（包含组合而得的主题）的得分把它们分组（建议你把它们分为 4 组）。思考这些得分不同的个性特质会在哪些特定领域或范围帮助你（优势），以及在哪些情况下它们可能成为你的阻碍（局限）。同时，思考哪些职业符合你的主题。

2. 尤其要重视得分最低的分组，通过深入思考并转换视角，你能得出哪些有价值的观点？

考虑每种个性特质的相对优势和局限非常有帮助。每种个性特质优势的发挥都有特定的领域和范围（环境）。脱离了这些特定的领域和范围，有时优势反而会成为局限。打个比方，驾驶手动挡汽车时需要适时换挡，人们需要手动切换不同的挡位以应对不同的路况，如果一直不切换挡位，或者切换到不适合路况的挡位，就可能引发事故。个性特质不是一成不变的，它会随着情况的变化而发生改变。因此，需要我们能够有效地进行"风格转变"，随着职业生涯的发展，顺利地切换到与情况变化相适应的个性特质。

深刻理解这些知识，有助于你更好地与他人建立联系。例如你想提出一个新观点并获得他人支持，在与一个性格非常谨慎细

> **小贴士**
>
> 在反思个性特质评估结果时，有一点非常重要，即你可能会根据实际情况需要，从一种个性特质切换到另一种，建议你关注这种切换的难易程度。有效的沟通有时取决于个性特质的灵活性。

致的人沟通时，你需要提出一个详细、全面、系统的计划；在与一个性格和谐融洽的人沟通时，你可能需要强调你的观点是建立在共识基础上，而且不会引发争议；具有强烈影响感召力的人会对计划的全局感兴趣，而且非常可能被宣传、营销等相关的内容所吸引；以行动为导向的人会更加看重"底线"和可以被衡量的利益。

本章接下来的内容将帮助你更好地理解个性特质，了解运用这些个性特质时，何为有效地利用，何为过度利用，何为未充分利用。在阅读这些内容时，请结合你的个性特质评估结果，思考你可能的优势和局限。

个性特质的有效利用、过度利用与未充分利用

行动导向

行动导向个性特质的有效利用

当你有效利用行动导向这种个性特质时，它可以让你的行动更为迅速、果

断；你可以清楚地表达，在勇气和远见支撑下敢于迈出前进的步伐；你具备做出不受迎合的决策的力量和坚持到底的决心，能依靠自己的分析能力来解决面前的障碍；你是一名建设者，在工作完成之前不会轻言放弃。

行动导向个性特质的过度利用

如果非常擅长以行动为导向，那么你可能存在过度利用这种个性特质的风险。你会发现自己"过于强势"，你的行为可能会带有攻击倾向，而不是表现出积极和自信；当不能如愿以偿时，你可能会迁怒他人；你可能会非常固执，不分理由地拒绝改变自己的观点；当处于这种状态时，你很容易受到权力的影响，可能会毫不顾及他人的感受而向前推进。

你就像一个"推土机"，当事情完成时，你可能会给自己制造更多的问题。

行动导向个性特质的未充分利用

在某些情况下，如果不充分利用以行动为导向的个性特质，你可能会发现自己没有成就感，感觉自己总是在从事别人的工作，无法按照自己的意愿行事；你可能会在心里暗自埋怨，但礼貌会让你缄默；你可能还会发现自己在为"何以至此"找借口；你的不作为让你备感无助，只能为他人服务。

因此，你可能难以赢得尊重，并发现自己"为他人做嫁衣"的奉献行为被视为理所当然。

影响感召

影响感召个性特质的有效利用

当影响感召这种个性特质使用得当时，它可以成为一种强有力的方式，通过说服而不是强迫来促使他人采取行动。你精力充沛，善于鼓舞人心，可以自信地表达自己的观点；你的眼睛里时常"闪烁着光芒"，并且具备很好的幽默感；这些优势让你处理难题相对轻松；你常常产生新的想法，可以找到解决问题的新途径；你非常富有吸引力，朋友圈也非常广泛。

影响感召个性特质的过度利用

如果你过分利用这种个性特质，可能会发现自己对任何情况都依赖语言技巧来应对。你可能不愿做必要的事前准备，而选择直接推进粗略的构思和混乱的计划，因此，你会受到"肤浅"或"前后矛盾"之类的批评；当处于这种状态时，你很容易为了受到关注和认可，从事或表达一些事情让自己持续成为"焦点"。因此，你会忽视他人的需求，使周围的人对你"怨声载道"。另一种误区是，你可能趋向于运用说服技巧来操纵别人。虽然这样做可能会有一些短期收益，但最终结果通常是负面的。

影响感召个性特质的未充分利用

你无法清晰而自信地表达自己的观点；在别人面前说话时，你往往会感到尴尬；在团队中，你常常会感到不舒服；参与讨论时，你总是关注别人观点中缺失的细节和逻辑上的不一致；但当你细致阐述自己的观点时，讨论的焦点可能已经转移到另一个话题上了；对你而言，保持沉默往往比公开表达更为舒服；即使你公开表达了自己的观点，也可能发现人们似乎并不真正欣赏你所表达的内容；大部分情况下，在社交场合你会感到沮丧和无能为力。

和谐融洽

和谐融洽个性特质的有效利用

当你在合适的情况下有效利用这种个性特质时，你会善解人意地聆听他人的倾诉，并以公平和富有同情心的方式处理问题；在与他人的交往中，你总是展现出积极的形象，扮演着鼓舞人心的角色；在巨大的压力下，你会保持冷静和理性，做出符合每个相关人员最大利益的决策；你会努力营造和谐的环境，人们往往会对你产生依赖感。

和谐融洽个性特质的过度利用

如果过度利用了这种个性特质，你可能会发现自己太有耐心了，也过于关心别人的幸福。即使为了他人利益，你也可能很难做出"两全其美"的决策；你难以做到客观，发现自己对他人的评价太过宽容；你会倾向于把别人的问题带回家中，尽管这样（精疲力竭）对你自己、对你的朋友和对你的家人来说都是不公平的；你很容易被他人需要。

如果你太富有同情心和耐心，你会在帮助别人时变得没有效率。

和谐融洽个性特质的未充分利用

在某些情况下，如果未能充分利用这种个性特质，你会发现自己没有耐心，也毫不在意他人的需要。你可能急于取得进展，觉得自己没有时间或兴趣去关心别人的感受；你只关心结果，不能理解为什么其他人不用同样直接的方式来处理任务；你急于取得成果，把重点放在行动上，而不是探索和识别问题上。

这可能会让你快速取得一些成果，但可能在过程中给自己带来额外的问题。

谨慎细致

谨慎细致个性特质的有效利用

当你有效利用这种个性特质时，你会对任务质量非常看重，小心翼翼。你可以提出观点并制订详细的行动计划，你不会为了单纯的改变而改变；你行事自律，并坚持使用那些经过一段时间验证过的有效方法；你喜欢用行动说明一切，不浪费时间吹嘘你的成就。

谨慎细致个性特质的过度利用

如果过度利用这种个性特质，你会发现对细节的关注常常导致对大局失去把控。有一个很恰当的比喻来形容这种状态，"只见树木不见森林"。你对精确性的苛求可能会妨碍你迅速果断地采取行动，你可能会因为在分析任务上投入太长时间而与机会失之交臂；除了过度分析，你还可能因为太安静而被误解，你的沉默可能会被理解为不感兴趣或缺乏主动性。

谨慎细致个性特质的未充分利用

如果未能充分利用这种个性特质，你可能会发现自己做事"漏洞百出"。在你急于前进的过程中，可能会忽略重要细节而在未来承受由此带来的后果；你可能会发现自己说话前没有进行足够的思考和分析；虽然每个人都喜欢及时的反馈或解决方案，但你的"即兴式"评论可能会缺乏一致性和深度。

如果这种情况持续下去，就会让人对你形成刻板印象，即使你的观点是可靠的，也可能得不到他人的支持。

人物 / 事务

人物 / 事务个性特质的有效利用

这种个性特质的有效利用能让你在处理事务的同时也对他人的需求保持敏感。你能够以这样一种方式管理你的时间，既能实现你的目标，也有时间和精力与你周围的人融洽相处；你有较为灵活的日程表，能够随时调整时间来处理意外和突发状况；你基本上可以自己支配时间；人们尊重你，不仅因为你做成了什么，还因为你如何完成了它。

人物 / 事务个性特质的过度利用

过度热心于人际关系可能会因为无法履行义务和实现目标而慌张。你可能难以保持一种状态，并发现自己容易被他人和新情况打扰而分心；你很容易拖延并对细节关注不足；你对他人的关注可能会导致自己业绩不佳、浮于表面和低质量工作；你会发现自己对他人的承诺"失控"，并且没有足够的时间和精力来实现自己的个人目标。

人物 / 事务个性特质的未充分利用

你可能会因为专注于完成目标和截止日期而忽略同事和生活中其他重要的人。虽然你可能在产出方面有所收获，但可能在人际关系方面有所损失；人们可能会因为你的死板、直率或挑剔的反馈而疏远你；当人们接近你时，他们可能会很警惕，不愿与你分享个人的担忧或弱点。

内省 / 互动

内省 / 互动个性特质的有效利用

内省和互动的有效结合可以让你高质量的工作得到认可。你的才能和个性是有目共睹的，反映出你的稳重和谦逊；你能够公开地给予和接受表扬，并能够从建设性的反馈中受益；人们欣赏你表达出的观点，因为它们清晰且经过深思熟虑。

内省 / 互动个性特质的过度利用

你不愿意公开表达自己，可能过于在意别人对你的看法；你的害羞和被动可能会被理解为缺乏远见或能力；你会发现自己的机会通常比他人少，并且被认为理所当然；人们可能会利用你的宽容和安静，把大部分工作留给你，却很少给予你回报；你对自己受到的待遇有强烈的感知，但总是逃避这个问题而不是直接面对。

内省 / 互动个性特质的未充分利用

你的观点和行动都非常引人注目，可惜的是你没有考虑清楚观点的基础，因此会被指责肤浅和毫无准备；你说话过快、过于有力，人们可能会觉得你爱出风头，只对成为被关注的焦点感兴趣。因此，当你试图提出自己的立场时，可能会面临直接或间接的阻力。

小结

本章重点介绍一种结合自我评估和他人评估的个性特质梳理方法。这种综合的方法为讨论自我认知的差异，以及在不同环境下如何看待他人的评价提供了机会。所有的个性特质类型在某些情况下都是有优势的，而在另一些情况下则存在局限。有效的沟通需要根据情况转换个性特质去应对。每种个性特质组合都包含有效利用、过度利用和未充分利用的情况。当职业生涯发展顺利时，不同的个性特质之间可以根据需要平滑地转换。驾驶手动挡汽车切换挡位的比喻很好地阐明了为何需要转换个性特质适应环境的需要。

问题反思与讨论 ???

1. 尽管梅琳达和弗洛对同一个职业领域感兴趣，但她们的个性特质截然不同。这些差异将如何影响她们做出职业决策？

2. 像护理这样的职业能让个性特质迥异的人（比如梅琳达和弗洛）同时找到满足感吗？如果确实如此，那么如何将你得出的结论应用于其他职业领域？

3. 假设有两个人完成了个性特质评估，并且所有方面的得分都相同。这是否意味着他们在所有情况下都会做出相同的反应？运用个性特质转换的视角来思考这个问题。

4. 个性特质如何与团队合作相适应？想一想，在哪些情况下你的个性特质可能是一种资本，而在哪些情况下它可能会带来问题。

第六章　透过职场吸引力理解价值观

目标

本章重点介绍了"10 要素职场吸引力模型"（10-factor workplace attraction model）。阅读本章并完成相应的练习活动后，希望你可以初步了解以下内容。

- 评估各种职场吸引力的相对重要性；
- 明确职场吸引力因素是如何随时间而改变的。

案 例

吉尔即将毕业，取得社会学学位。她虽然为此感到高兴，但也意识到自己的成绩平平，几乎没有机会继续攻读研究生学位。她并没有为此感到沮丧，因为攻读研究生学位并不是她真正感兴趣的事情。

高中毕业后，吉尔不知道应该选择哪个专业，索性跟随朋友们一起选择了社会学专业。

当思索自己的优势时，她很庆幸自己至少获得了某一个专业领域的学位。在求职时，她秉持开放态度，通过家庭关系在制药行业获得了机会。

其中一个机会是在一家制药公司工作，这份工作需要她与一个销售团队合作，去附近的几个城市向现有客户展示公司的新产品。这个职位的优点之一是她在独立生活之前可以继续住在家里。另外，她有一个朋友和她一起从事类似的工作。

另一个机会同样来自一家制药公司。虽然这份工作薪水更高，也有一定的职位晋升机会，但是离家很远，她需要搬到一个新的地方居住。如果获得了这个职位，她会在一个大仓库里拥有自己的办公室，但也意味着将承担更多的责任。这个职位要求她负责管理供销记录，并确保有足够的库存产品可以随时满足公司直接销售或来自销售代理商的订单。

虽然这是吉尔所面临的个人决策问题，但多数情况下，我们也会面临类似的困境——面对多个选择，不知道该走哪条路。决策总是充满了复杂性，重要的是要反复思考不同选项的价值。因此，决策过程可以反映人们的价值观。

职场吸引力模型的要素

下面推荐一种全面、系统的审视价值观的方法——职场吸引力模型（Amundson，2018）。这种方法覆盖了主流的价值观，并使用"磁性吸引"（magnetic attraction）作为比喻，反映价值观在职业生涯决策中的作用。

人们通常会发现某些职业对自己更有吸引力，同样，组织也会被某些特定类型的人所吸引。最理想的情况是个人和组织相互吸引。

职场吸引力模型的出发点是确定一系列可能对个人和组织都适用的吸引要素。在综合梳理多个模型（Herzberg et al.，1959；Ehrhart & Ziegert，2005；Mitchell et al.，2001；Poehnell & Amundson，2001；Schein，1992；Schwartz et al.，2012；Super & Sverko，1995）的基础上，归纳出 10 个影响要素（见图 6-1），它

图 6-1　职场吸引力模型

资料来源：版权所有 © Ergon Communications，获得转载许可。

们对个人和组织的吸引力都发挥着重要作用（Amundson，2007，2018）。这些影响要素对不同个体发挥的作用因人而异。此外，它们对同一个体发挥的作用也会随着时间而变化。下面是对这些影响要素的简要描述。

安全

安全（security）是一个专有名词，主要指通过职场服务（工作）而获得的广泛回报。这些回报可能包括工资、福利和带薪假期等。此外，安全也包括职位的稳定及情绪、身体的安全等。

地点

地点（location）指的是工作所在地，也包括工作环境和氛围。工作地点涉及两个问题，一是上下班出行是否方便，二是工作环境是否健康并令人愉悦。

人际关系

人际关系（relationships）涉及你与同事、上司以及客户的关系。人们通常都渴望建立愉快、真诚和相互支持的人际关系。

认可

认可（recognition）是指从他人那里获得认同、尊重和赞誉。认可分为直接认可和间接认可。直接认可包括口头表扬、加薪、获奖或其他"福利"；间接认可，比如在一家声誉良好的公司工作。

贡献

一个人对于贡献（contribution）的感知来自有意义、有道德、有目标的工作。期望做出贡献的人，通常都渴望参与对世界或社会产生影响的活动。

工作适配度

工作适配度（work fit）关注的是工作岗位与一个人现有的技能、兴趣、性格和价值观的一致性程度。与工作岗位良好适配通常可以使个体获得更高的工作满意度。

灵活性

在富有灵活性（flexibility）的工作环境中，你有机会根据复杂的情况，进行多样化的工作安排（例如可以居家工作、有可调整的时间表、可定制的薪资福利、有假期或休假机会等）。这种灵活性通常是为了更好地平衡工作和生活。

学习

如果你的职场环境常常需要面对挑战，并鼓励你培养和发展终生技能，那么它就与学习（learning）息息相关。那些具有常规性学习环境的企业，有助于员工的自我发展与成长。

责任

责任（responsibility）通常伴随着处理工作任务的自主权和权威性。责任重大，往往也意味着更多运用领导技能影响他人的机会。

创新

创新（innovation）带来了多样性、原创性和创造新事物的机会。创造性地解决问题是最常见的职场挑战，同时，开拓精神也是被职场普遍提倡和鼓励的。

职场吸引力要素相对重要性评估

活动 6.1　职场吸引力要素的重要性

某种职业之所以对你充满了吸引力，是因为它包含了一些要素，这些要素符合你对工作和生活的喜好。你认为哪些要素比较重要？建议你审视下面列出的每一个吸引力要素，思考这些要素对你而言是否重要、为何重要，并在下面的横线处写下你对每个要素的评价。例如，你认为安全很重要，因为每个人都需要一些生存保障以满足自己的物质需求。但同时，你的家人会在生存保障方面给你支持，所以这会让安全要素变得对你来说没那么重要了。

1. 安全

_____

_____

_____

_____

2. 地点

_____

_____

_____

_____

3. 人际关系

_____

_____

_____

_____

4. 认可

_____

_____

_____

_____

5. 贡献

_____

_____

_____

_____

6. 工作适配度

_____

_____

_____

_____

7. 灵活性

_____

_____

_____

8. 学习

_____

_____

_____

_____

9. 责任

_____

_____

_____

_____

10. 创新

_____

_____

_____

_____

11. 其他（可以写下你认为重要但上面没有列出的职场吸引力要素）

_____

_____

_____

_____

活动 6.2　职场吸引力要素的排序

既然已经明确了职场吸引力各个要素对你而言意味着什么，那么请花些时间思考一下，把它们按照重要性进行排序。在排序时，你可以这样思考：

如果不得不放弃一些要素，那么你愿意放弃什么？

你最先放弃的是哪个要素？ _____

接下来，请从剩下的要素中再选出 1 个舍弃_____

然后，你会舍弃的第 3 个要素是_____

重新审视被你舍弃的 3 个要素，你有什么感受？

_____

活动 6.3　使用金字塔模型评估职场吸引力要素的相对重要性

另一种评估职场吸引力要素重要性的方法是为自己创建一个金字塔。在金字塔的最底层，放置对你而言最不重要的 4 个要素；向上移动一层，在这一层放置 3 个要素；继续上移一层，在这一层放置 2 个要素；最后，把对你而言最为重要的要素放置于顶层。请按上述方法在下面的空白处填写职场吸引力要素，完成你的"金字塔"。

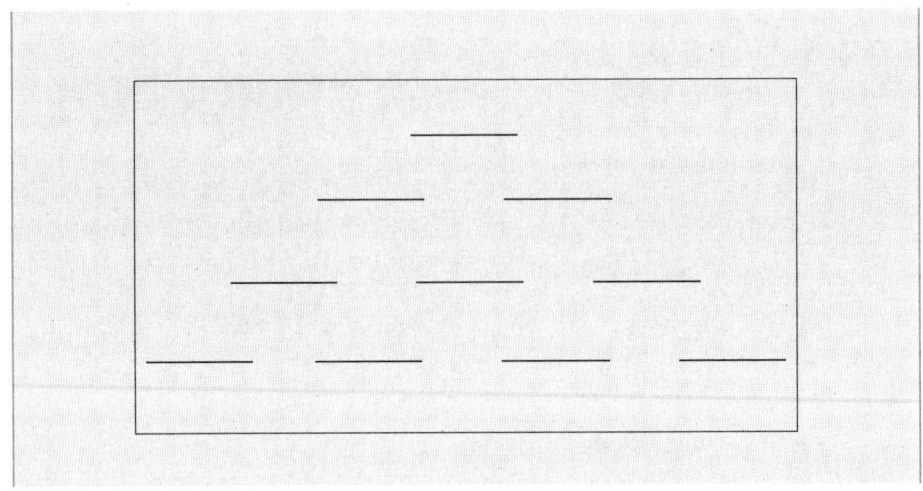

通常情况下，人际关系或贡献会被大多数人选为最重要的职场吸引力要素，而安全、地点或认可则最容易被大多数人忽略。这个结果是我们作为生涯咨询师在日常工作中接触到的群体的选择倾向，但它在一定程度上也具有普遍意义。在当前的经济和社会背景下，许多人已经意识到越来越缺乏与工作相关的安全感。为了适应经济和社会发展的新形势，越来越多的人开始考虑改变工作地点。此外，在复杂多变的工作环境中，人们会意识到工作方面的认可也许是转瞬即逝的。工作环境的复杂多变，使得那些将我们与他人联系起来（人际关系）并有助于突显个人价值的要素成为人们认为最重要的吸引力要素。

职场吸引力要素的可变性

你列出的职场吸引力要素可以帮助你认清自己在做职业生涯决策时需要考虑的诸多方面。同时，这个吸引力要素的集合（组成和排序）并不是一成不变的。每个人在某一个具体的时间都会形成自己的职场吸引力要素集合（Hirschi，

2010；Locmele-Lunova & Cirjevskis，2017；Wohrmann et al.，2016 ）。这个集合会随着生活环境、文化影响和个体发展而发生改变。例如，健康问题可能成为一个人选择在哪里工作或愿意接受何等安全程度的决定性因素；需要照顾孩子的人或需要承担照顾他人责任的人，可能会对工作的灵活性有更大的需求；兼职或全职工作的经验，会对几乎所有的吸引力要素都产生影响；通过观察他人的工作经历，往往会间接地影响自己的吸引力要素；随着经济发展的衰退，你身边的一些人可能在工作中承受着一些压力，这些经验和压力在塑造价值观，影响你对职场吸引力要素相对重要性的看法。

活动 6.4　对职场吸引力要素重要性看法的改变

试着列出不同的人生经历如何改变了你对吸引力要素重要性的看法。请至少举出 3 个例子，并写在下面。

1.

　　_____

　　_____

2.

　　_____

　　_____

3.

　　_____

　　_____

让我们回到本章开篇吉尔的案例，她选择了医药销售的职位。起初，她对自己的决策感到满意，但后来，情况发生了一些变化。那位和她一起从事类似工作的朋友决定结婚，不久就和丈夫搬到其他城市；吉尔原以为销售工作关注的重点群体应该是现有客户，但实际情况是她需要拨打和接听一些陌生电话去服务新客户，而她并不喜欢这样的工作；在入职培训时，她和所有的销售助理在一起，相处融洽，感觉很愉快，而现在她需要独立开展工作，这也不是她真正想要的，她越来越确信这份工作对她而言不是一个明智的长期选择；此外，居家办公也给吉尔带来了一些挑战。这些变化让吉尔觉得这份工作并不适合她。但她的父母给了她很大的压力，要她继续从事现在的工作，父母认为换工作可能会影响她作为一名稳定员工的声誉，吉尔谋得这个工作机会时，她父母发挥了关键作用，她们不想因为吉尔辞职而与她公司的相关人事交恶。

> **小贴士**
>
> 当你意识到自己的职场吸引力要素发生改变时，将这些改变告知他人也非常重要。考虑更换工作是一个选项，但也可以在同一家公司通过重新安排工作岗位的方式来满足你的新需求。

吉尔当时放弃的另一个医药公司的职位仍然空缺，因此她考虑是否应该重新选择，如果她立即与那家公司联系，或许可以得到新的工作岗位。她意识到自己真的需要做出改变，是时候找一份更适合自己的工作了。

如果你仔细思考案例中各种职场吸引力要素是如何发挥作用的，会很容易发现吉尔和她父母看待她的工作选择的差异性。有人可能还想知道雇主会如何看待这种情况。显而易见的是，在任何给定的情景中，都可能存在迥异的观点，这些观点的差异也许会导致相互误解或沟通困难。

小结　　　　　　　　　　　　　　　　　！!!

　　请将职场吸引力要素的各个练习活动融入你将要做出的职业生涯决策中。大多数吸引力要素对任何人而言都具有一定的吸引力，关键问题是，你如何在选择之前获得与之相关的信息。通常，工作地点和安全这两个要素的信息很容易确定，但其他要素相关信息的获取就不那么简单了，需要借助调查、信息访谈和咨询来实现。

　　接下来的章节将提供一些获取更多信息的策略。你可以把信息获取的过程与自己的求职过程联系起来。

问题反思与讨论　　　　　　　　　　　　???

1. 使用职场吸引力模型分析本章的案例。吉尔的两次选择分别突显了哪些职场吸引力要素？

2. 当吉尔准备辞掉销售岗位并更换到新的工作岗位时，你会给她什么建议？

3. 思考雇主和员工之间的沟通模式。不同的吸引力要素集合如何引发误解？你是否曾经遇到过不同的吸引力要素集合引发的沟通困难？

参考文献 @ @ @

- Amundson, N. E. (2007). Workplace attractors. *Journal of Employment Counseling*, 44(4), 154–162.

- Amundson, N. E. (2018). *Active engagement*: The being and doing of career counselling (Anniversary ed). Ergon Communications.

- Ehrhart, K. H., & Ziegert, J. C. (2005). Why are individuals attracted to organizations? *Journal of Management*, 31(6), 901–919.

- Herzberg, F., Mausner, B., & Snyderman, B. B. (1959). *The motivation to work*. Wiley.

- Hirschi, A. (2010). Positive adolescent career development: The role of intrinsic and extrinsic work values. *Career Development Quarterly*, 58(3), 276–287.

- Locmele-Lunova, R., & Cirjevskis, A. (2017). Exploring the multigenerational workforce's personal and work values: The future research agenda. *Journal of Business Management*, 13(1/2), 7–19.

- Mitchell, T. R., Holtom, B. C., Lee, T. W. & Erez, M. (2001). Why people stay: Using job embeddedness to predict voluntary turnover. *Academy of Management Journal*, 44(6), 1102–1122.

- Poehnell, G., & Amundson, N. (2001). *Career crossroads: A personal career positioning system*. Ergon Communications.

- Schein, E. H. (1992). Career anchors and job/role planning: The links between career planning and career development. In D. H. Montross & C. J. Shinkman (Eds.), *Career development: Theory and practice*. C.C.

Thomas.

- Schwartz, S. H., Cieciuch, J., Vecchione, M., Davidov, E., Fischer, R., Beierlein, C., & Konty, M. (2012). Refining the theory of basic individual values. *Journal of Personality and Social Psychology*, 103(4), 663–688.

- Super, D. E. & Sverko, B. (1995). Life roles, values, and careers: International findings of the Work Importance Study. Jossey-Bass.

- Wohrmann, A. M., Fasbender, U., & Deller, J. (2016). Using work values to predict post-retirement work intentions. *Career Development Quarterly*, 64(2), 98–113.

第七章　联系他人：社交、情感和经济支持

目标

本章主要讨论获取支持的重要来源。阅读本章并完成相应的练习活动后，希望你可以初步了解以下内容。

- 获得亲朋好友的支持，以实现职业生涯目标；

- 认识到文化、社区、态度和期望的影响；

- 从导师、教练和指导者那里获得帮助，以持续成长；

- 找到志同道合的人；

- 策略性地管理行事风格，以改变别人对你的印象；

- 认识到财务管理对实现职业生涯目标的影响；

- 强化外界对自己的支持。

案例

帕梅拉正在攻读学位，她的学业只剩最后一年。对她而言，攻读并取得这个学位是一个漫长的过程。帕梅拉在十几岁时，被诊断出患有纤维肌痛综合征，她一直在与慢性疼痛、疲劳以及这种疾病通常伴生的"脑雾"作斗争。然而，她逐渐学会了管理自己的精力和时间，并在 7 年后成功完成了 85% 的学位课程。她的成绩一直很好，这主要得益于她限制了每个学期选修课程的数量，并与支持她的老师、同学、家人和她的医疗团队密切合作。展望毕业，帕梅拉意识到她在工作上的成功可能也将依赖类似的支持。尽管帕梅拉已经克服了疾病带来的种种困难，即将完成学业，但她担心在工作中调整自己的节奏可能不那么容易。此外，由于她打算毕业后马上结婚，因此兼职工作可能是一个不错的选择。

像帕梅拉这样身患顽疾的人们，面临着特殊的生涯挑战。但事实上，每个人面临职业生涯问题时，可能都需要获得支持和帮助。尽管有些国家和民族的文化倾向于独立自强，但人历来都是在相互依存的社会环境中成长和发展的。当今社会，许多文化都以集体主义价值观为基础，资源和人际关系会以各种方式影响个人的事业成功及对工作和生活角色的满意度。在本章中，我们会重点识别和获取各种实用的支持和资源，这些支持和资源将帮助你建立并保持成功且充实的职业生涯。识别这些支持和资源是希望 – 行动理论自我澄清阶段的最后一个步骤。当你认识到自己在职业生涯中并不孤单时，支持和资源也将极大地提升你的希望。

与亲朋好友联系以获取职业生涯资源

加拿大职业生涯发展专家提出了 5 个基本原则，它们是获取许多职业生涯资源的基础，这些原则通常被称为"成功之掌"（high five）。

- 了解自己，相信自己，追随自己的内心

- 变化是永恒的

- 学无止境

- 专注于人生之路

- 亲朋好友是宝贵的财富

"亲朋好友是宝贵的财富"这一原则揭示了成功人士不会是孤勇者。在你职业生涯规划和发展的各个阶段，亲朋好友都会为你提供支持和帮助。他们会在下列事情上为你助力。

- 提供对高等教育机构、培训项目、课程，甚至某个教授的观点和见解

- 就你正在考虑的（或"适合的"）职业为你提供一个内部人士的观点

- 帮你在职业生涯未知领域开拓视野

- 把你介绍给他们圈子里的人，为你打开机会之门

- 告诉你一些关于学习技巧、职场礼仪、面试准备，以及适应某一职业或特定工作的技巧

- 担任导师的角色，随着你的职业生涯不断发展，给你提出见解和建议

- 在你悲伤失望之时给你安慰

- 在你功成名就之时与你共同庆祝

亲朋好友是支持和关心你的人，他们深知你的利益得失。但是，这些亲朋好友可能是你在不同的生活领域（例如家庭、社区、学校、娱乐场所、健身馆等）中结识的，因此对你的优势和潜在障碍可能会有不同的看法。退一步说，虽然没有人会像你自己一样了解你，但他们依然可以发挥巨大的作用。他们可以发现你的一些非凡才能，并可能在某些情况下，对你可能需要改进或进一步发展的领域提供清晰而温和的反馈，帮助你实现职业生涯目标。

小贴士

你可能会收到许多关于职业生涯发展的建议，但请学会对这些建议进行权衡考虑。其中，建议的来源是你需要重点关注的方面。

在生活中支持你的亲朋好友会乐于为你提供帮助，但在大多数情况下，他们可能不知道你需要什么样的帮助，所以在联系他们寻求反馈或指导时，要把你的职业抱负和进步告诉他们。这种类型的社交有时可能会为你带来工作机会。

并非生活中所有支持你的人都能为你提供同等程度的帮助。例如，你有个亲戚是一家公司的首席执行官，他可能对行业趋势和企业战略了如指掌，但对你的才华和个性特质并不了解，甚至对行业入门级工作的实际情况也知之甚少；而与你一起运动的伙伴可能很了解你的个性特质，并且也非常了解你应该如何适应职场，所以他们可以指导你为即将到来的面试做准备。当然，这些伙伴可能对全球经济如何影响企业的战略方向缺乏科学的"全局"视角。

活动 7.1　自我澄清的共性主题

　　回顾你通过亲朋好友和完成评估活动所获得的建议。把这些建议中具有共性的主题或模式（例如10人中有8人评价你的人际交往能力、你对细节的关注，或者你积极的态度等）归纳出来，写在下面。

　　下面以帕梅拉作为示例，她归纳的主题包括毅力和责任心。

示例：帕梅拉自我澄清的共性主题表

主题	来源和评论
毅力	教师、医生和个性特质评估
责任心	志愿者协调员、学校项目小组成员

　　现在轮到你了，请完成下面的表格。

自我澄清的共性主题表

主题	来源和评论

在完成这个练习活动的过程中，你会发现他人的意见反馈有时会令人困惑，甚至结论会相互矛盾（例如，有一个人认为你总是积极的，但另外两个人说你看起来很严肃，大部分时间都似乎情绪低落）。此外，你还可能发现他人的意见反馈与你对自己的看法不一致。请反思你与提供不同反馈看法的人的关系（例如，某人是否在学校里与你结识？而那时也许你正在努力学习；而另一个与之意见相左的人是否在家庭活动中与你相识？）。接下来的活动将帮助你从相互矛盾的信息中有所收获。

活动 7.2　从矛盾中学习

请从他人的反馈和自我评估中发掘 3~5 个相互矛盾的结论或建议。总结这些相互矛盾的结论或建议的来源，写在下面，并反思和澄清这些矛盾。

仍以帕梅拉为例，她注意到同学们大多认为她外向、精力充沛，但是她的妹妹发现她很容易疲劳，建议她调整自己的生活节奏。

示例：帕梅拉从矛盾中学习的表格

矛盾	来源和评论
外向和精力充沛 VS 容易疲劳，需要调整自己的生活节奏	同班同学 妹妹在我忙碌了一天后回到家时给我的反馈 批注：当我调整好自己的生活节奏并照顾好自己时，我就有精力在学校或工作中高效行事

现在轮到你了，请完成下面的表格。

从矛盾中学习的表格

矛盾	来源和评论

活动 7.3　将反馈意见与感兴趣的工作结合起来

为了帮助你明确职业目标，请思考你得到的反馈意见和你感兴趣的工作要求之间是否存在差异？存在哪些差异？回答下面的问题，并写在横线处。

你在什么情况下感到最放松和舒适？

_____

_____

你在纠结什么？

_____

_____

你生活中不同领域的人，认同或评价了你的哪些特点？（例如，你

的同学是否意识到了你的领导才能？你的老师或雇主是否看到了你对细
节的关注？）

_____

_____

你是否需要调整职业目标，使之更为契合你的个性特质和优势？

_____

_____

"希望"是希望－行动理论的核心。反思活动 7.1~7.3，描述一下自
我澄清（更清楚地了解自己是谁，以及自己能做什么）的结果如何增强
了你对自己的职业生涯规划和实现目标的信心？

_____

_____

文化、社区、态度和期望的影响

具有讽刺意味的是，你生活中一些最支持你的人（家人、老师、教练或密
友等）也可能不会在你的职业生涯规划方案或发展方向上给你支持。谨慎评估
你收到的所有建议非常重要。例如，父母可能对你的职业有自己的期望，朋友
们可能想把你留在身边，教练可能不想失去一个明星球员，配偶可能会担心财
务、时间或搬迁的问题等。尽管拥有有效的人际关系至关重要，但全盘接受他
们的建议肯定会让你的职业生涯决策变得复杂。

也可能，你听到的一些对你有影响力的声音，实际上来自过去的经历。你头脑中深刻的印象，往往来自早期生活中重要他人与你的交流。也许你答应过奄奄一息的祖父母你会去上大学并成为一名律师；或者与之相反，也许你充满消极情绪的父母无情地告诉你，你永远不会取得任何成就；也许一个教练在退休前告诉你，你是他见过的最好的投球手，如果不继续从事棒球职业，那你肯定是疯了。这些声音（甚至是消极的声音）有时会成为激励你的动力；也有时会成为束缚你的囚笼。过去的声音很难被反驳，即使你现在有了新的信息来反驳它们。面对这种情况，联系亲朋好友征求他们的意见是个好办法，你甚至可能需要去咨询专业的顾问，他们会帮助你将过去信息中的"真理"与今天的你一一联系起来。

活动 7.4　过去的声音

找出那些可能影响你现在职业生涯规划的过去的声音，把它们写在下表中。以帕梅拉为例，她的蒂娜阿姨说她应该成为一名律师。如果不去申请法学院，帕梅拉担心自己会让阿姨失望。

示例："帕梅拉过去的声音"表格

人物	信息	暗示
蒂娜阿姨	成为律师	如果我不去法学院，可能会让阿姨失望，但我不具备在法学院长时间学习的毅力

现在轮到你了，请完成下面的表格。

"我过去的声音" 表格

人物	信息	暗示

有些信息的根源比信息本身影响更深，每个人都是若干文化群体中的一员，每个文化群体的成员都有一些共同的信念和期望。同时，也要考虑你的精神信仰、性别、年龄、民族、社会经济地位、地理位置等任何可能塑造你的信仰和期望的环境因素。当你完成下面的练习活动时，请思考对你产生影响的文化要素（例如，你重要的决策是自己独立做出的还是与家人讨论做出的？或者是与长辈或意见领袖协商后做出的？）。你会让谁参与你的职业生涯决策？

活动 7.5 文化的影响

请利用下面提供的表格找出你所认同的文化群体以及这些文化背景对你职业选择的启示。

例如，帕梅拉的精神信仰激励她从事社区服务，而对一些移民家庭（教育是成功的关键）或居住在乡村的人而言，文化背景的影响可能限制了某些工作机会。

示例：帕梅拉的文化影响表格

文化群体	职业启示	对职业选择的影响
社区	社区服务	可能会选择在社会服务机构工作

现在轮到你了，请完成下面的表格。

我的文化影响表格

文化群体	职业启示	对职业选择的影响

还有一种特殊的亚文化是你的直系家庭。如果夫妻两人都有工作，处理夫妻双方的工作矛盾可能会有些复杂。夫妻两人经常发现在职业生涯的十字路口，决定谁的职业优先发展是一件非常具有挑战性的事情。例如，如果夫妻一方得到了一份很棒的工作，需要举家搬迁到异地，另一方会放弃自己现在的工作吗？如果一方必须加班，另一方能抽出时间去幼儿园接孩子吗？

活动 7.6 人际关系的影响

如果你和伴侣都有工作，或者希望在职业生涯发展的同时组建家庭，请思考家庭关系如何影响你的职业决策？或者反过来看，某个职业如何影响你的家庭关系？请把你思考的结论写在下面。

例如，帕梅拉在毕业后不久就计划结婚组建家庭。这可能意味着兼职工作就可以满足他们的财务需求。

_____

_____

_____

_____

正如我们在本书中反复提到的，"希望"是希望－行动理论的核心。在以前的研究中，乐观（optimism）被认为是事业成功和获得工作满意度的最佳预测指标（Neault，2002）。通常而言，较为乐观的人其复原性（resilient）也较强。词典中对复原性的定义是"愉悦地恢复原状（cheerful buoyancy）"——它是多么契合希望－行动理论啊！乐观的人往往对未来充满信心，相信事情终会成功。他们倾向于信任自己所在的行业和组织，当然，他们也非常相信自己。

小贴士

乐观与事业成功以及工作满意度都息息相关，积极的态度和充满希望的斗志会对职业生涯发展产生重大影响。

活动 7.7　未来的希望

时刻秉持积极的态度对个人的职业生涯发展具有非常重要的意义。反之，如果你不抱太大希望，可能会影响你获取工作机会。如果你完全不抱希望，你可能无法争取到更高的教育机会或更有挑战性的工作。请认真思考你在职业生涯的下一个阶段希望得到什么，把它们写在下面。

例如，帕梅拉希望找到一份工作，通过努力让她所在的社区变得与众不同，并且这份工作是身患顽疾的她有能力应对的。

_____

_____

_____

_____

雇主也普遍重视员工的积极态度。在许多调查中，雇主都强调软技能（soft skills）是事业成功的关键。这些所谓的软技能，包括人际交往能力（与他人相处）、主动性（积极主动）、适应性（在必要时改变方向或做出调整）、勤奋（可以完成任务）、创造力（创新方法或解决方案）和诚实。而"热情、积极的态度"经常是雇主的首选项。雇主希望员工和管理者能够为工作环境带来正能量，因此他们想要那些具有吸引力并让人备受鼓舞的人才。

活动 7.8　在工作中保持积极的态度

请在思考后列举在工作中保持积极态度的 10 种方法，并为每种方法找出呈现你积极态度的具体方式。把它们写在下面的表格中。

例如帕梅拉意识到，足够的休息对她在白天保持积极性至关重要。

示例：帕梅拉在工作中保持积极态度的表格

保持积极的方法	工作中的呈现
足够的休息	让我精力充沛，充满热情

现在轮到你了，请完成下面的表格。

我在工作中保持积极态度的表格

	保持积极的方法	工作中的呈现
1		
2		
3		
4		
5		
6		
7		
8		
9		
10		

尽管初衷是美好的，但当期望与职场的现实发生冲突时，你很难继续保持积极的态度。例如，你凭借学历和工作经验获得了一个职位，却被要求做一些平凡的琐事，令人沮丧；又比如你获得了职位晋升的承诺，但由于经济形势的变化或者你要接替的人没有按照预期退休而被搁置，令人大失所望；尤其令人泄气的是，你在学校一贯成绩优秀，在工作中却无论如何努力都做得不够好。

实现和维持事业上的成功需要管理好你的态度和期望。把你的目标记在心里，每天做一些必要的微小调整，让你的态度保持乐观，让你的期望与职场、社会和全球经济的现实保持一致。第二次世界大战期间，维克多·弗兰克尔[①]（Victor Frankl，1984）被关在纳粹监狱中，他在最艰难的环境下反思出"人类最后的自由——在任何特定的环境下选择自己的态度，选择自己的道路"。在职业生涯中，你也可以自由选择自己的态度。有时候，你需要来自导师、教练或指导者的支持，从而让你保持积极的态度，让你的旅程步入正轨。接下来，我们将讨论这些人可以为你提供的支持。

让导师、教练和指导者帮助你持续成长

"导师""教练"和"指导者"，这些用语有时可以互换使用。然而，本书将对它们进行重新界定。被称为导师的人通常会对你的职业生涯发展有所帮助，但不会提供具体的指导或技能的培训。你与导师之间的关系可能是正式的，也可能是非正式的。例如，你可能通过学校的课程或职业生涯协会等途径被正式指派了一位导师，或者你也可以非正式地邀请一位职场熟人做你的导师。在某些情况下，这种关系可能"极为"非正式，以至于你的导师都没察觉到自己承担了这个角色。例如，你总是从远处观察某个工作领域的榜样或管理者，把他们当成"隐性"导师。你可以通过观察、调查（在网上检索他们的简历）和技能对标（将你目前的技能和经验水平与导师的水平进行比较）等方式从隐性导师身上感悟收获。

---

① 维克多·弗兰克尔（1905—1997），奥地利心理学家，意义疗法创始人，著有《生命的探问》等。——编者注

活动7.9 确定你的导师

接下来的3个步骤将帮助你确定适合担任导师角色并且可以为你的事业成功助力的人。

首先，思考一下你期望中的导师具备的特征。例如他善于倾听，是（＿＿＿＿）领域的专家，他与（＿＿＿＿）行业关系密切，等等。

其次，确定潜在导师的来源，例如来自大学导师项目组、职业发展协会等。

最后，如果你心中已经有了一位导师人选，请说出其名字，并在导师的支持下设定一些具体的职业生涯目标。

请把以上3个步骤的内容写在下面。

1. 导师具备的特征

_____

_____

_____

2. 导师的来源

_____

_____

_____

3. 具体的职业生涯目标

_____

_____

_____

活动 7.10　确定你的教练

我们对"教练"一词的界定与导师略有不同。一般来说，教练有机会观察你的行动，为你提供具体的意见反馈，帮助你培养与工作相关的技能和态度。思考一下，你理想中的教练可能在哪 3 个技能或态度的培养方面帮助你，并把它们写在下面的表格中。在每个技能或态度旁边，写下可能成为你职业生涯教练的备选人（可以考虑朋友、同事、导师、主管或其他值得信任的人）。为了抛砖引玉，我们还是以帕梅拉为例。

示例：帕梅拉确定潜在的教练表格

技能或态度	潜在的教练
时间管理技能，可以按时完成任务	李·荷蒙（Lee Harmond）博士（英语 #1104 课程教授）

现在轮到你了，请完成下面的表格。

我确定潜在的教练表格

技能或态度	潜在的教练

活动 7.11　确定你的指导者

指导者泛指任何为你的职业生涯发展贡献智慧并提供合理建议的人。在一些文化背景下，年轻人在做出重大决策前会咨询经验丰富的老人或意见领袖。通常情况下，父母和年长的兄姐会给年幼的家庭成员提供职业决策指导；在职场中，职业协会的负责人、演讲者、讲师、教授、人力资源分析师、经济学家、作家和记者都可能提供职业生涯相关的指导；在社区服务和教育系统中，职业生涯咨询师和学业顾问也可以担任指导者的角色。

请思考你在职业生涯当前阶段遇到的具体问题，并为每个问题确定2~3个潜在的指导者（或者指导者的来源）。下面是帕梅拉针对进入职场后如何处理身患顽疾的难题确定的指导者。

示例：帕梅拉确定潜在的指导者表格

问题	潜在的指导者 / 指导者来源
是否有可能找到灵活性强的工作来适应我的疾病状况	咨询纤维肌痛协会，看看是否有人可以和我交谈；联系两个大型组织的人力资源管理者，看看他们是否有成功案例

现在轮到你了，请完成下面的表格。

确定潜在的指导者表格

问题	潜在的指导者 / 指导者来源

145

策略性的印象管理

当你与那些会影响你职业生涯发展的人建立联系，并准备给其留下良好的第一印象时，你的导师、教练和指导者可能都会给你提供有用的建议。每个行业、地区和组织都对于"得体的为人处世方式"有其不成文的规则。就像登山教练或向导告诉你"为了新的冒险需要准备合适的装备"一样，知道如何有效地交流，怎样穿着得体，怎样用适合受众的方式说话和写作等都至关重要。尽管近年来关于这个话题的资料和书籍数量激增，但并没有一种"放之四海而皆准"的普适性方法。当你从学校过渡到职场，在不同的职业之间切换，或者在当前的组织中承担越来越多的责任时，请考虑一切有助于给他人留下良好第一印象的因素。

活动 7.12　印象管理

当你为职业生涯发展的下一个阶段做准备时（例如从大学生转变为全职从业者），你需要在哪些方面做出改变？请参考下面的表格，如果表格中列出的改变有助于你塑造积极、良好的形象，请在右边的"建议改变"处打"√"。如果表格中列出的改变可能给你造成负面印象，请在右边的"建议改变"处列出改变的建议。

改变的项目	建议改变
E-mail 地址（名称和签名）	
语音信箱留言提示（座机）	
电话等待的铃声（手机）	
在线状态（社交媒体）	

（续表）

改变的项目	建议改变
在线状态（其他）	
配饰（珠宝/手表）	
配饰（背包/公文包）	
头发（长短/颜色）	
指甲（提示：穿露趾鞋时，还包括脚趾甲）	
服装（提示：建议着装的标准要比你申请的职位高一个等级）	
鞋子	
外套	
语言水平	
写作/语法	
E-mail 缩写语（提示：给家人和亲密朋友保留一些容易记住的缩写，例如，BR= Best Regards "祝好"）	
规矩（礼仪、礼节和得体的交际言行等）	

请记住，"印象管理"并不是要塑造一个虚伪的假象。我们的衣橱里有很多不同风格的衣服，我们每天选择不同的穿衣风格是为了特定的目的。同样的道理，印象管理就是有意识地选择在什么时候为了什么目的去展现我们不同的方面。

就像本章的案例中，帕梅拉身患顽疾，决定是否将自己的身体状况告知他人，何时告知他人，以及如何告知他人就显得至关重要。换言之，策略性地将重要信息告知他人（向需要信息的人提供足够的信息）是非常关键的，导师、教练或指导者会帮助你制定一个告知策略。文化背景调查也有助于你确定如何进行告知，它包括现场或在线的方式观察特定组织，以发现其文化多元性方面的特点。在某些情况下（例如安排员工住宿），需要让潜在的雇主或新雇主知道自己身体的健康情况。比如本章案例中的帕梅拉可能需要更短的持续工作时间，或有机会在白天休息更长的时间。告知的时机也非常重要。过早透露健康状况可能会导致真实的或感觉上的歧视。比如帕梅拉如果在面试时透露了自己身体上的残疾，然后仅仅因为她不是最合格的人选而没有得到这份工作，那么她可能会以为是身体原因导致失去了工作机会；而过晚透露健康状况可能会导致无法胜任工作，比如帕梅拉如果在被聘用后发现自己无法像其他员工那样处理好日常工作，仍然不把身体状况告知雇主，则可能会导致被误解。

财务管理对实现职业生涯目标的影响

职业转换过程中可能需要额外的经济支持。如果你在为职业生涯做准备时获得了学生贷款，请确保你完全熟悉还贷的要求和方案。如果你有多个债务来源，例如信用卡或汽车贷款，请考虑与你的银行信贷经理讨论组合贷款产品，以便能更有效地管理你的财务，并寻求在某些情况下减少利息支付。

当你毕业后准备找工作时，要仔细区分"想要"（主观）和"需要"（客观）。例如，你可能需要一套面试和出席社交活动时穿的服装，你可能想要一些设计师品牌的新款时装，可能不想穿同一款衣服参加不同的活动。事实上，与你交往的人很可能不会注意你把同一套衣服穿了很多次，只要它们合适得体，看起来干净整洁就好。

找工作时，可能还需要一些交通费用。无论应聘或面试的地点在同一个地区（需要油费或高速公路费），还是在较远的地方（需要车票、机票和住宿支出）。展望未来，请开始为此类费用节省开支，或寻找可行的经济支持来源。

活动 7.13　毕业后及求职过程的支出

你在毕业后和求职过程中，预期可能会发生哪些支出？请把它们写在下面的表格里，并考虑从哪里获得经济来源以应对这些支出。

例如，帕梅拉意识到她没有适合面试的服装。

示例：帕梅拉毕业后及求职过程的支出表格

项目	支出	经济来源
面试服装（夹克、长裤、鞋子和背包）	$150	父母送的生日礼物

现在轮到你了，请完成下面的表格。

毕业后及求职过程的支出表格

项目	支出	经济来源

一旦你获得了理想中的职位，要有策略地分配和管理薪资收入。如果你已

经习惯了节俭的生活，一份新的工作或职位晋升可以提供一个很好的机会来帮助你偿还债务或增加储蓄。

强化外界支持

无论是社交、情感还是经济支持，我们中的大多数人都依赖着他人。如前所述，策略性的社交可以帮助你建立和维持职业生涯发展所需的支持。但是，有时你需要的支持超出了你个人社交网络所能提供的范畴。因此，请不要忽视可以在你需要时提供实际支持的某些社会机构和组织。

根据你对支持的需求，考虑加入社团、协会（基于地区的或专业的）或支持团体。团队的力量大于个体力量的简单相加，社会上存在很多这种协同互助的机制。

非常重要的一点是，你要认识到对于学习的追求是伴随终生的。换言之，你接受教育的需求并不会因为毕业而终止。因此，当你扩大支持来源时，请考虑未来可能需要什么样的教育或培训，以维持你的职业生涯发展与事业成功。

小结　　　｜！！

在贯穿本章的案例中，我们通过许多活动分享了帕梅拉的故事。帕梅拉即将顺利完成学业，但她投入的时间比大多数人多得多。她之所以能够顺利毕业，很大程度上得益于家人和朋友的支持，以及老师和学校管理者的帮助。为了在职场中获得类似的成功，帕梅拉需要确保能继续得到他人的支持。你也需要支持——我们每个人都需要得到他人的支持！

　　本章讲述了如何与亲朋好友取得联系，以及如何从他们那里征求反馈信息；分析了文化、社区、态度和期望对职业选择的影响；鼓励你在职业生涯发展中积极寻找志同道合的人，并仔细考虑谁可以作为你的导师、教练和指导者；并强调了印象管理和财务管理的重要性。

　　在本章的结尾，重点讨论了如何扩大支持来源并致力于终生学习。使用下面的问题来反思你从本章学到的知识，并通过讨论加强对其更深层次的理解。在希望－行动理论中，当你清楚了"你是谁"以及"你需要什么"才能成功后，接下来你需要关注愿景、目标设定与规划。有了自我澄清和支持来源，你就可以开始设想和规划适合自己的职业生涯之路了。

问题反思与讨论　　？？？

1. 回顾本章开篇案例中帕梅拉的故事，3 人一组讨论她可能需要什么样的支持才能顺利完成从学校到职场的过渡？以及如何获取这些支持？

2. 列出你从学校到职场过渡中可能面临的具体问题。例如，"我穿什么去参加商务社交活动？我什么时间必须开始偿还学生贷款？作为某职业的从业者，我应该加入哪些专业社团（协会）？在哪些渠道可以获得物美价廉的商务休闲服装？"

（1）2 人一组，尝试相互回答彼此的问题。

（2）2 分钟后重新分组，并重复刚才的彼此问答。

（3）重复 5 次这样的过程，然后从众多的回答中确定你的支持
来源。

3. 讨论本章介绍的方法（例如提出特定问题并请现有人际关系网络中
的某人做出反馈）如何帮助你为求职之旅的下一阶段做准备。

4. 印象管理可能是一个敏感且令人回避的话题。当你决定改变自身的
某个方面以便他人留下积极良好的第一印象时，请思考你的个人
感受。在小组中，分享这些感受并考虑不同的观点，因为你们也需
要相互支持来面对这个具有挑战性的话题。

参考文献

- Frankl, V. E. (1984). *Man's search for meaning* (3rd ed.). Simon &
  Schuster.

- Neault, R. A. (2002). Thriving in the new millennium: Career
  management in the changing world of work. *Canadian Journal of
  Career Development*, 1(1), 11–21.

资源拓展

- Business Management Daily Editors (2018). 7 questions to ask your
  mentor. *Administrative Professional Today*, 44(9), 5.

订阅这本期刊，获取有关新闻、技能和策略的高质量文章，以提高你的工作效率和推进管理事业。

- Charity Village (n.d.). *Community and social services.*

  慈善社团（Charity Village）提供了按字母顺序排列的社区和社会服务机构的名单。阅读更多关于加拿大各种慈善机构和非营利组织的信息，看看他们可以提供什么工作机会。

- Employment and Social Development Canada. (n.d.). *Services & information.*

  加拿大政府网站提供了加拿大就业和经济支持的概要介绍。

- Femke. (2017, March 15). How to ask for constructive feedback. Medium.

  这篇文章强调了设计有效问题的重要性，并提供了 3 种策略来生成高质量的反馈。

- Rosenberg McKay, D. (2019, April 11). Why you should have a mentor.

  这个职业规划网站详细阐述了导师可能对你的事业成功产生的重大影响。

- U.S. Department of Labor. (n.d.). Agencies and programs.

  美国劳工部网站提供了美国就业和经济支持的列表。

祝贺你！如果你投入时间阅读了我们提供的信息，并践行了我们提供的练习活动，那么你现在就拥有了勾勒未来蓝图所需的全部信息。你会发现自己的未来充满了意义并令人满怀期待。如果你完成本书第二部分的速度过快，那么建议你进行更彻底、更深入的自我反思，这会让你的自我认知更为清晰。

在本书的第三部分，我们将引导你继续通过自我澄清创设未来可能的愿景，你会发现这个愿景极富意义并且吸引你去执着地追求。这个创设愿景的方法经过了时间和实践的检验，可以帮助你达到理想中的生活状态。一旦拥有了愿景，你需要把它转化为具体的目标。这样的目标会成为你积极前行的路标，让你感觉生活和工作充满了意义。如果目标是这段生涯旅程的路标，那么规划则是通往目的地的具体路线图。当你获得关于自己和外部世界的新信息时，还必须适时调整你的目标与规划。因此，所有的目标与规划都是尝试性的建构，它与迄今为止你对自己和外部世界的全部理解息息相关。

第三部分

愿景、目标设定与规划

第八章　展望未来的可能性

目标

本章介绍展望职业生涯前景的重要性。阅读本章并完成相应的练习活动后，希望你可以初步了解以下内容。

- 了解如何进行愿景展望；

- 能够将生涯浮流的概念应用到你的职业生涯发展中；

- 提高生涯浮流出现的可能性；

- 理解愿景声明的重要性；

- 运用头脑风暴来创设未来可能的愿景；

- 制定一份个人愿景声明。

案　例

　　达里尔是一名小学教育专业的大四学生。目前，他在美国东北部地区经济发展较为落后的城市教书。他的授课对象是小学四年级的学生。学生主要是非裔美国人，许多学生来自单亲家庭。达里尔非常热爱他正在从事的工作。尽管这份工作时常充满挑战，但他对学生未来的发展有很强的责任感。这些学生的状况让他想起了自己小时候的情景。

　　达里尔幼年时父母就离婚了，他母亲打两份工抚养他和弟弟。尽管童年的生活困难重重，但达里尔得到了母亲和外祖母（与她们一起生活）的照顾与支持。达里尔认为，正是家人给予的支持帮助他在交友和行动中做出了正确的选择。达里尔在小学时也遇见过充满爱心的老师，这些老师帮助他建立了自信，并让他体会到努力的价值。他们让达里尔参加各种有助于其发展兴趣的活动，还为他提供了担任低年级学生辅导员的机会。这是达里尔从小学五年级就开始从事的工作，一直持续到高中毕业。老师们经常评价达里尔是一位"天生的老师"。

　　达里尔热爱并享受他的执教经历。他喜欢备课，希望课程内容可以激励和启发他的学生。晚上，室友们经常发现达里尔投入大量时间备课，当他们提醒他时，他才意识到时间已经很晚了。对他而言，沉浸在备课之中，时间似乎流逝得飞快。达里尔也喜欢对学生一对一交流辅导，他愿意帮助那些在家庭作业方面遇到困难的学生。达里尔总能找到一些创新性的方法来帮助学生克服学习上的困难。在与导师交谈时，达里尔提到他觉得自己很幸运，因为通过自己的努力，能够改

变学生的人生之路。有时候，达里尔会觉得自己非常幸运，做了自己

这么热爱的事情，还可以得到报酬。

愿景

愿景包括识别期望的未来场景和想象的未来所有可能性。换言之，它涉及澄清你在人生中最为希望的是什么，并将这些希望转化为你对未来的承诺。有些人认为这样做很不切实际。这种想法也没错，但如果不去设想最期望的未来，那么你实现这种期望的机会将变得遥不可及。对于"未来的期望"，可能有时不得不妥协和放弃，但我们为什么要一开始就妥协和放弃呢？展望未来的可能性是一项充满创造性和现实意义的活动，可以帮助你确定目标，并激发你的能量和动力。当然，在这个过程中人们通常需要帮助，因为创设未来愿景是以自我澄清为基础的。很多时候，人们会使用"概率性思维"（probability thinking）来引导和催发自己的观点。换言之，人们通常过度地受到别人认为其"可以或应该从事什么"的影响。请避免陷入这样的思维误区，虽然有时别人的意见是有价值的，甚至很重要，但这些意见只是帮助你做出决策的因素之一。有些人不愿意去憧憬那些令人向往的未来，他们通常被一些偏执的自我信念所困扰与限制，这些信念也时刻扰乱着他们创设未来愿景的过程。这些人认为自己的未来一定和过去一样，而他们的过去往往充满了不甘与失望。他们秉持乐观主义心理学家常挂在嘴边的"固定型思维模式"（fixed mind-set），坚信未来就是对过

去的重现。他们倾向于认为能力极难提高，常常因为畏惧失败而逃避挑战。我们每个人都会经历失败，因为人总会犯错误！我们都经历过与我们期望大相径庭的结果。幸运的是，即便这些结果是失败的，对我们也不是完全没有意义。我们不断地从生活的经历和教训中学习。因此，要尽可能把注意力从成败转移到学习上。面对决策时，要清楚地知道自己所采取的行动会带来什么样的结果，从结果中学习，并利用学到的知识和经验继续向前迈进，这才是一种较为合理的职业生涯决策方法。

你可能听说过著名篮球运动员迈克尔·乔丹（Michael Jordan）的故事。高中二年级时，乔丹被他就读的高中篮球队除名。当然，这是他当时不愿经历的结果。那时的乔丹似乎碰到了他在篮球技能方面的"天花板"，任凭他如何努力也无法提升自己的球技，重返高中篮球队也变得遥不可及。如果乔丹当真这样思考，那就是我们提到的"概率性思维"。也就是说，根据他掌握的外部信息，自己将永远不会成为一名优秀的篮球运动员，他甚至连进入高中篮球队的资格都没有了。然而，乔丹并没有陷入固定型思维模式，而是运用了"成长型思维模式"（growth mind-set）。他坚信，通过不断的努力和自律，自己可以成为一名更出色的篮球运动员。重要的是，他对篮球运动充满了热爱！因此，少年乔丹并没有成为一个在高中二年级因为不够优秀而放弃篮球的孩子，而是制定了一个目标和相关策略来实现他的职业生涯目标。最终，他被许多人认为是篮球运动历史上最优秀的运动员之一。提到未来，它充满迷人魅力的原因在于，一切尚未发生。

创设未来的愿景时，需要排除那些不必要的限制。这个过程应该以你的自我澄清为主导，尽量少从"是的，但是……"的角度思考问题。换言之，未来的愿景不应以你无法完成某事为由而被限制。例如，如果你热爱音乐，在音乐方面小有成就，喜欢与其他的音乐家交流，并发现投入时间演奏音乐让你乐在其中。在创设未来时，你可能会想象自己成为一位职业的音乐家。事实上，音乐爱好者能够发展成专业人士的比例非常低，但我们创设未来情景时不需要这样思考（这样思考就是典型的概率性思维）。我们需要的是可能性思维（possibility thinking），它将引导你在自我澄清的基础上，创设尽可能多的未来场景。这些期望的未来场景就是愿景。

请思考以下问题：你是否因为畏惧失败而逃避任务？你是否因为对取得的点滴进展感到绝望而在任务上减少精力投入？你是否因为畏惧失败而错过学习的机会？如果你对以上任何一个问题的回答是肯定的，就代表你认为自己的潜力是固化的、难以突破的。所以，请坚信希望一直存在。研究表明，我们可以转变自己的思维模式。要开始这个转变，可以阅读那些经历过大事磨砺之人的故事，你会发现自己会从中受益。在阅读中，请关注他们认知自我和考虑未来的方式。思考如何将自己的思维模式变得更倾向于成长型思维。要实现这种转变，一种可行的方法是找出你最喜欢做的事情（那些似乎能吸引你全部注意力的事情），当你全神贯注投入其中时，你就沉浸在"心流"里，它会引导你展示出你最优秀的一面。

生涯浮流

生涯浮流中的"浮流"一词来源于心理学领域的"心流"（flow），它出现在著名心理学家米哈里·契克森米哈赖的研究成果中。契克森米哈赖在访谈了大量人群并试图理解他们完全沉浸在一项活动中的体验时，首次提出了"心流"这个词。他在体验过"心流"的群体中发现了清晰的模式。理解这些模式可以帮助人们增加获得心流体验的可能性。大部分人都认可这种模式，它会让人们将精力进一步聚焦到自己从事的活动中。

因为本书关注的重点是职业生涯规划与发展，所以我们使用"生涯浮流"这个术语来描述与职业相关的心流体验。这种体验是人们完全沉浸在与工作（职业）相关的活动中，进入一种宛如行云流水、奔腾起伏、涓涓不竭的状态。通过关注自己生涯浮流的体验，可以识别出最有可能让你感到满意的工作。虽然没有一份工作会让人 100% 满意，但制定职业生涯和教育规划，并引导你从事一份大部分时间都感到非常愉悦的职业是非常有意义的。当然，这份职业将为你体验生涯浮流提供最大的可能性。

契克森米哈赖的研究结果表明，从事有意义且具有适当挑战性的工作，可以提高体验生涯浮流的可能性。此外，这些工作任务必须有明确的目标，并且需要收集有关任务执行情况的准确反馈。需要注意的是，生涯浮流具有任务的特定性，每个职业都需要人们执行各种各样的任务，有些任务会比其他任务更受欢迎。例如，我们是大学教授，我们在撰写本书的过程中会时常体验到生涯浮流；而当我们勉强同意在某个学术委员会任职时，可能永远无法体验到生涯浮流。然而，这两项任务都是我们作为大学教授工作的一部分。我们所从事的特定工作任务使得我们体验生涯浮流的机会有所不同，这正是生涯浮流具有任务特定性的体现。

生涯浮流的另一个特征与任务的挑战性水平有关。如果任务的挑战性对你的技能水平而言过高，你通常会感到不知所措；如果任务的挑战性低于你的技能水平，你通常会感到索然无味。因此，任务的挑战性不能过低，但也不能超出你的能力水平太高。

当被问及经历生涯浮流的感受时，受访者的回答如下。

> 我精力充沛！
>
> 我和我正在做的事情融为一体。
>
> 时间飞速流逝！
>
> 我有一种归属感。
>
> 我有一种联结感。
>
> 我体验到了与活动之间的亲密感。
>
> 我感到激情满满。
>
> 我迫不及待地想和别人分享。
>
> 我感到激情澎湃。
>
> 我有一种"步调一致"的感觉。
>
> 我有一种感觉，这就是人生的真谛。
>
> 我觉得自己与更广阔的世界连接在一起。
>
> 我觉得自己全身心都投入其中。
>
> 我没有思考，我只是在跟着感觉走。

显然，当人们专注于生涯浮流体验时，他们描述出非常强烈并令人向往的情绪。有趣的是，这些描述与契克森米哈赖的研究发现不谋而合。具体而言，契克森米哈赖指出，人们在体验心流时经常感受到一种归属感和激情，他们经历了一种发自内心的快乐。当他们从事一项特定的任务时，常常有一种"时间飞逝"的感觉。此外，人们在体验心流时会全身心地投入其中，并且会感到自己与所从事的任务已浑然一体。

活动 8.1　生涯浮流评估

为了更深刻地理解生涯浮流，请关注你从事各种任务时的情绪体验。通过这种方式，可以让你归纳出一些任务，这些任务更容易带给你生涯浮流的体验。你可以思考以下问题，开启这个过程。

- 如果可以自由选择任何你想从事的活动，你会选择参加的活动有哪些？为什么选择它们？

- 如果明天你一觉醒来可以做任何你想做的事，你会做什么？

- 你会如何分配（度过）你的时间？

- 对于你喜欢的活动，让你乐在其中的原因是什么？

提高生涯浮流发生的可能性

契克森米哈赖（1988）发现，与休闲活动相比，心流体验更倾向于在人们工作时发生。他认为这一发现并不意外，因为工作活动往往比休闲活动更有条理。具体而言，人们在工作中通常拥有具体的绩效目标或绩效期望，并且工作结果能反馈这些目标或期望的达成程度，而且人们在工作时需要集中注意力，并在执行任务时调动某些职业技能，这些都是获得生涯浮流体验的关键。

但是，如果你的主要生活角色是全日制学生而不是从业者，或者你因为失业而远离了工作活动，那么如何获得更多的生涯浮流体验呢？好消息是，尽管生涯浮流体验在工作活动中更容易发生，但事实上如果你有意为之，它也可以在各种生活角色的活动（学生、伙伴、休闲娱乐等）中出现。此外，识别出与

你生涯浮流体验相关的任务，将有助于你对未来的职业生涯和教育做出规划。你可以通过识别那些能给你带来最大满足感的任务，开启进行职业生涯和教育规划所需的信息搜集过程。

小贴士

请专注于那些对你而言至关重要的事物。

当你从事对自己而言至关重要的任务时，你通常会充满更强烈的价值感和使命感。所以，另一个与生涯浮流相关的问题是：什么事物对你而言是真正重要的？很明显，当人们从事的工作要求他们运用自己喜欢且有能力驾驭的技能时，他们更有可能体验到生涯浮流。人们从事这类活动时，不必花时间思考自己能否胜任的问题，当能否胜任的问题被忽略，人们就不会进行内心质疑（例如，我能做到完美吗？如果我搞砸了怎么办？），注意力自然就会从自己身上转移到活动上。他们不太担心自己的表现如何，因为自己可以完全掌控这些活动。

给你的建议是，做你喜欢做的事，做你感觉自己有能力做的事，这会让你在活动中体验到极大的满足感。

当你从事至关重要或者非常重视的任务时，你更有可能体验到生涯浮流。因此，为了提升生涯浮流发生的可能性，你需要了解自己的价值观和技能。当

你从事的活动与你的价值观建立关联时，你不会浪费时间去思考诸如"我为什么要这样做"这类问题。你与所从事的活动"步调一致"，并且会在这个过程中体验到价值感和使命感。

相反，如果你心中时而浮现"我为什么要这样做"的问题，可能你正在从事的任务并没有完全体现你珍视的价值。你可能会经历内心冲突，这种冲突会严重分散你从事任务的注意力。随着时间的推移，当你所从事的事情和你所重视的事情之间毫无瓜葛时，你甚至会变得意志消沉、无比沮丧。你很容易得出这样的结论——我所从事的事情无关紧要。究其本质，这些事情的确对你无关紧要。

当不可避免的挑战出现时，如果这个挑战与你的价值观不一致，那么你很难坚持下去。道理反过来也成立。当你所从事的事情与自己所重视的事情紧密关联时，你就更容易应对挑战。许多大学生选修的通识教育课程与他们的价值观和兴趣毫无关联，当他们比较这些选修课程与专业课程时，能清晰地体验到这一点。面对专业课程的学习，他们更关注学习材料；而面对通识教育课程的学习，有些学生可能心中会充满质疑："我为什么要学习这些材料？"因此，从事那些能体现自己价值观的活动，可以为人们提供重要的动力来源。当然，学生在面对通识教育课程时，其次要目的可能是"我学习这些材料是因为必须这样做才能学好我的专业"，那么这个理由也足以使自己跨越自我疑惑的难关。

在工作中体验生涯浮流是非常重要的，在寻找工作时请从事那些自己喜欢并且有能力胜任的事情。当这些条件满足时，你就更有可能体验生涯浮流，就更有可能对工作充满激情，就更有可能发现自己与任务的紧密联系，也就更有可能体验到自己精力充沛，你还可能感觉到时间的飞速流逝，即使不是全部而仅是部分甚至大部分时间。

活动 8.2　达里尔的生涯浮流

　　请重新审视本章开篇提供的达里尔的案例，你认为达里尔在执教生涯中经历生涯浮流的可能性有多大？

- 处于达里尔的情景中，你认为什么因素可能会引发他的生涯浮流？

- 你认为什么因素可能会降低他生涯浮流发生的可能性？

- 在达里尔的教学活动中，体现了他的哪些价值观？

- 他最常用的技能是什么？

现在，请通过完成下面的活动来思考你自己的情况。

活动 8.3　你的生涯浮流

　　请回想你生命中三个特定的时刻，当时你在学校、休闲和工作中可能体验到生涯浮流的活动（尝试为每个领域识别一个活动）。请详细描述每一次体验，在你的描述中，请回答以下问题。

步骤一

- 你当时正在从事什么活动？

- 在活动中，你和谁在一起？

- 活动的背景是什么？

- 在活动之前、期间和之后分别发生了什么？

- 当你体验到生涯浮流时，你的感受是什么？（即描述与生涯浮流相关的生理体验，例如"我感到更轻松、更舒适、更快乐"。）

- 你使用了哪些技能？

- 从事这个活动体现了你哪些价值观？

- 从事这个活动体现了你哪些兴趣？

步骤二

请使用步骤一的信息，将下面的句子补充完整。

在我的生涯浮流体验中，我最经常使用的技能是_____，它们体现了我_____方面的价值观。纵观这些时刻，我注意到对自己而言至关重要的事物是_____。

步骤三

回顾一下你经历生涯浮流体验时的环境背景，识别哪些活动是你单独从事的？哪些活动有其他参与者？对于多人参加的活动，请思考并回答以下问题。

- 你采用什么方式从事这个活动（个人或组队）？

- 你在哪里从事这个活动（室内或室外）？

- 你更喜欢哪种类型的活动（室内或室外）？

- 你是在有时间限制的情况下完成的这个活动，还是感觉时间无关紧要？你更喜欢哪种类型（完成任务有时间压力或没有时间压力）？

提示：除了上面的描述，你认为是否还有其他对生涯浮流体验而言也至关重要的内容？请把它们描述出来。

现在，我们来梳理一份关于你对生涯浮流体验的概要总结。总结的

内容包括这些体验中经常涉及的价值观、技能和背景等。请把这些内容
归纳后写在下面。

● 在我的生涯浮流体验中，我倾向于：

为了练习生涯浮流的体验，在接下来的两周，请留意你何时会体验到生涯
浮流的状态。尤其要留意当你处于休闲活动中，以及处于学生、朋友或从业者
的角色中的生涯浮流体验。当然，你还要关注经历生涯浮流体验时的生理状态，
可以用文字（日记）把这些体验记录下来。当你感知到生涯浮流状态之时，请
在脑海中记下你当时在做什么（最好立刻把这些重要信息记录下来）。写日记
是一个非常好的建议，你可以记录每天经历生涯浮流的相关体验，把每一刻的
感受都细致地描述出来。你还可以通过写日记反思生涯浮流对你的影响（你的
感受、价值观、动机、技能、兴趣等）。然后，你可以使用"活动8.3"中的三
步法，分析你沉浸在生涯浮流之中时发生的事件，识别出你在那些时刻展现出
的技能、价值观、兴趣等。这些步骤可以帮助你根据生涯浮流体验来实现自我
澄清。

生涯浮流的练习非常重要，它们是你想要更频繁地参与某些活动的线索。
当你更频繁地参与某些活动时，当你在这些活动中可以运用自己喜欢的技能时，
当你参加的这些活动可以体现自己最为重视的价值时，你通常也会感受到前面
提到的生涯浮流体验（例如"我感受到了激情澎湃""我有一种'步调一致'的

感觉"我有一种感觉，这就是人生的真谛""我觉得真实而自然"等）。换言之，你正在从事的活动最有可能满足你的理想和期待，这些宝贵的体验对你创设未来至关重要。

用头脑风暴探索未来的可能性

培养成长型思维模式，清楚哪些活动最有可能让你体验生涯浮流，有助于你制定愿景。在制定愿景时，你可以使用头脑风暴的方法想象未来的可能性。头脑风暴可以由多人一起完成，也可以独立完成，通过它可以识别特定的问题，或者为问题找到创造性的解决方案。人们使用头脑风暴，一般基于诸如"确定职业目标""解决关系问题""从众多选项中择其善者"等原因。

为了有效地运用头脑风暴探索未来可能从事的职业，必须遵循一些具体的指导原则。

首先，头脑风暴注重的是数量而不是质量。我们的目标是设计一份尽可能广泛的职业选择清单。没有任何一个想法是愚蠢的，也没有任何一个想法是糟糕的。不要浪费时间进行自我批评或过早地否定某种想法，而是要尽可能多地产生职业选项。

小贴士

在头脑风暴中，唯一糟糕的想法就是没有表达出来的想法。

其次，为头脑风暴设定时间界限。进行头脑风暴时，可以用计时器计时，通常 10 ~ 15 分钟就足够了。无论你选择何种时间限制规则，请一定要遵守它，并尽可能简短。限制时间可以帮助你集中精力拓展职业选项的数量。

最后，及时记录你产生的想法。例如，你可以使用便利贴，在每张便利贴上写下一个头脑风暴产生的想法，看看你可以使用多少张便利贴。

让我们再次回顾自己的生涯浮流体验。请反复多读几遍生涯浮流的记录，想象自己正在经历这几次生涯浮流体验。当然，不要同时想象几件事，请一次一事地去回顾生涯浮流体验。当你把这几次生涯浮流体验都回顾一遍后，完成活动 8.4。

活动 8.4　头脑风暴活动

在接下来的 5 分钟内，请尽可能多地完成下面的句子。把每个想法都写下来（建议你写在便利贴上）。你的回答要简短，不要局限于真实存在的工作，尽可能把自己的各个方面都融入你的想法中。为了让这个过程充满趣味，你可以结合某些活动自己创造一些新工作。

● 我梦想的工作：＿＿＿＿＿＿＿＿＿＿＿＿＿＿＿＿＿＿＿＿。

当你完成了头脑风暴，请留意你的感受和精力状态。你感觉精力更充沛了吗？因为你一直专注于运用创造力结合生涯浮流体验来想象未来的可能性，所以现在的你可能感到自己情绪高涨并充满活力。甚至在这个活动中发现的一些可能性会让你感到兴奋异常。请在心中把这些感受牢牢记住，这些积极的反应可以作为路标，指引你去从事提高生涯浮流体验的活动。

请重新审视头脑风暴产生的众多职业选项，从中选择 3 个你最感兴趣的工作。观察并思考这 3 种可能性，着眼于它们彼此间具有共性的主题。例如，达里尔的主题可能与帮助儿童摆脱生活困境、教学、组织和激励他人有关，因此思考这些主题与实际工作之间的联系，对达里尔来说就非常有意义。确定了自己感兴趣的职业之后，请投入一些时间了解更多关于它们的信息。

个人愿景声明与指南

用头脑风暴确定了共性主题，就可以开始制定自己的个人愿景声明了。个人愿景声明是对你期望中未来的生动写照。它是你为自己勾勒的职业生涯蓝图，寄托着你的梦想，反映了你希望创设的未来。它的呈现形式应该是引人注目和令人兴奋的。声明的内容应该包括"你是谁""你喜欢什么""你喜欢运用哪些技能""你重视什么"等。个人愿景声明中描绘的是你生涯浮流之旅的理想目的地。你制定的个人愿景声明，可以作为自己进行职业生涯和教育规划的指南，因此，请好好把握这个实现宏伟梦想的机会！

在制定愿景声明之前，我们先来归纳一些有助于制定愿景声明的原则。你的愿景声明应该描述自己理想的未来职业，它需要使用未来的时间表（语境）描述你希望创设的未来。要使用铿锵有力的语言风格呈现你的愿景声明，对愿景的描述要恢宏大气。例如，被称为"每个孩子一台笔记本电脑"（One Laptop Per Child）的组织，其愿景声明"通过为每个孩子提供坚固耐用、低成本、低功耗、可联网的笔记本电脑，以及为协作、快乐、自主学习而设计的学习软件，实现为世界上最贫困的儿童创造受教育的机会"。这是针对伟大抱负发出的强有力的声明。需要指出的是，这份愿景声明的创建者并不只是希望为中产阶级儿童以及大部分生活在经济困难环境中的儿童提供笔记本电脑，他们的愿景比这更远大，他们想为世界上所有贫困儿童提供笔记本电脑。因此，这份愿景声明引人注目且鼓舞人心。

制定愿景声明的目的是创造一幅充满情感的精神画卷，它可以时刻激励你奋力前行。因此，制定一份愿景声明是非常必要的，请把未来可能发生的美好结果纳入其中，并尽可能多地利用愿景声明来激励自己。让你的愿景声明如同"每个孩子一台笔记本电脑"组织所创设的愿景声明一样，展示出崇高的理想和凌云的壮志。愿景声明描述了你想达到的职业生涯目标，需要你把生涯浮流体验所得尽可能多地囊括其中。

此外，还有一点需要强调，即你的愿景声明承载了你的职业生涯抱负。从这个意义上说，愿景声明可以被视为一份职业生涯指南，可以用它来评估你的职业生涯是否朝着愿景方向发展。当然，它不能作为衡量标准评估你是否成功实现了目标。例如，评估"每个孩子一台笔记本电脑"组织是否成功，可以将"发展中国家拥有笔记本电脑的贫困儿童数量显著增加"作为衡量标准。假如以"每个孩子都有笔记本电脑"作为衡量标准，评估的结论是他们并未取得成功，这显然是不合理的。从这个意义上说，愿景声明是理想化的，因为它们往往不可能完全实现。然而，愿景声明又是现实的，因为它们承载了你的核心价值观、兴趣、技能和对未来的希望。因此，愿景声明为你指明了实现梦想的路径，它是激发灵感、创造力、动力和想象力的有力工具。正如艾尔伯特·爱因斯坦（Albert Einstein）所说："想象力比知识更强大。"想象力让你看到职业生涯中令人兴奋的可能性。美国已故参议员爱德华·肯尼迪（Edward Kennedy）在弟弟罗伯特·F. 肯尼迪（Robert F. Kennedy）的葬礼上缅怀他时说："有人看到世间万物而寻根究底，我却梦想从未有的事情并希望梦想成真。"

"愿景声明"示例

　　我会成为一个更好的儿子、兄弟、学生、队友和朋友，在与他人的交往中变得真诚可靠、值得信赖、富有同情心和乐于助人。

　　从现在开始，我每年暑假都要工作，直到大学毕业，这样我才能存下至少 20 万美元的研究生学费。

　　我将成为一个激励型的领导者，由于我的远见、创造力、同情心和出色的职业道德，人们会给予我积极的响应。

　　我将成为一名训练有素的运动员，在训练中不断超越教练对我的期望；我只吃健康的食物，并以身作则为其他学生树立一个优秀的榜样。

　　我将用正直、承诺、挑战和快乐充实每一天的生活；我要做一个有爱心的女儿和有价值的朋友；我要环游世界，体验不同的文化；我要定期练习弹吉他，成为一名出色的吉他手。

活动 8.5　你的个人愿景声明

　　请定制一份你自己的愿景声明。声明中包括你最重视的事物、你最喜欢从事的活动、你喜欢使用的技能，以及你一直想实现的人生目标。

　　愿景声明的目的是拓展你的眼界，让你展望未来可能发生的事情。它应该包括给你带来快乐的事情、你喜欢从事的事情，以及你一直期待的事情。当意识到未来的可能性时，你就会坚信梦想可以实现，坚信困难可以克服。请定期回顾你的愿景声明，把它作为自我反思的动力，判断你是否在自己的职业生涯和教育规划的方向上前进。当然，要不定期地修改和调整你的愿景声明，使其更符合你不断发展的自我认知。要时刻专注于未来的各种可能性！

小结 !!!

　　愿景涉及识别期望中未来的情景，以及与你的激情和目标息息相关的可能性。你需要阐明你人生中最希望的是什么，并将这些希望转化为个人愿景声明。展望未来的可能性是一种充满创造性和趣味性的活动，它可以让你确定目标，从而激起你的能量和兴奋。人们常常使用"概率性思维"来引导自己的思路，即人们经常受到别人说自己"能做什么或应该做什么"的影响。有些人秉持"固定型思维模式"，他们坚信未来就是对过去的重现，并且认为能力极难提高，他们常常因为畏惧失败而逃避挑战。我们都经历过事情的结果与我们的期望大相径庭，但即便是这些失败的结果，对我们而言也是有意义的。人是在经历和教训中不断学习的，因此要尽可能把注意力从成败转移到学习上。面对决策时，需要清楚地知道自己所采取的行动会带来怎样的结果，从结果中学习并利用学到的知识和经验继续向前迈进。

问题反思与讨论 ?? ?

1. 回忆你的人生，尤其是从小学至今，试着唤起那些你想做的各种事情的记忆。请列出你的人生中曾经想象到的所有未来的可能性，它们之间有什么共性特点（例如乐于助人、创新创造、坚守责任等）。这些共性特点与你的个人愿景有何关系？或者它们之间是否存在差异？你如何看待这些差异？

2. 列出你的人生中所有能回忆起的体验"心流"的时刻。在这些时刻，你使用（或满足）了哪些兴趣、价值观和技能？你列出的回忆清单有何规律？你的清单揭示出何种未来的可能性？

参考文献 @ @ @

- One Laptop per Child. (n.d.). *Mission statement.*

资源拓展 ☺ ☺ ☺

- Csikszentmihalyi, M. (1988). *Optimal experience: Psychological studies of flow in consciousness.* Cambridge University Press.

- Csíkszentmihályi, M. (1990). Flow: *The psychology of optimal experience.* Harper and Row.

- TED. (2008, October 24). Mihaly Csikszentmihalyi: Creativity, fulfillment and flow [Video file]. YouTube.

第九章　目标设定与规划

目标

　　本章介绍了一些有效的策略和方法，帮助你进行职业生涯目标设定与规划。阅读本章并完成相应的练习活动后，希望你可以初步了解以下内容。

- 使用 SMART 目标设定策略；

- 设定平衡且与愿景相关的职业生涯目标；

- 确定实现目标的关键行动和优先顺序；

- 预期目标和规划中断时，使用有效的应变方法；

- 追求目标过程中，理解规划、执行和调整的重要性。

案 例

　　韩池今年 22 岁，过去 3 年他一直在韩国一家大型汽车公司担任设备管理技师。与大多数高中毕业就上大学的韩国人不同，韩池在技术高中（technical high school）毕业后就进入了公司工作。事实上，凭他的学习成绩足以进入知名大学，但是他认为大学教育并不实用，因此决定进入"现实世界"（real world）。韩池小时候喜欢用积木和其他材料制作建筑物等模型，他把发明家视为自己的偶像和榜样。他的性格有些叛逆，认为父母和老师的观点毫无帮助。

　　在工作中，韩池在与同事一起解决难题时会感到精力充沛，他的创造力和敬业精神也让他得到了回报。韩池对工作环境、薪金水平、福利待遇和周围的同事都非常满意，他意识到自己被舒适和满意的环境所吸引似乎是与生俱来的。韩池的愿景是创办一家企业，通过对外界环境的控制，帮助人们顺利地成长与发展。目前，韩池还没有具体的商业模式或创业方案，但他觉得为了实现这一愿景，自己需要做两件事：一是了解人，二是了解世界。

　　为了实现自己的愿景，韩池设定了 6 个目标。第一，他想在一所大学获得工业工程学士学位，并获得公司的学费资助；第二，他计划至少提出 1 个创意，以便在工作中持续改进；第三，他计划获得与工作相关的 3 个许可证书或资格证书；第四，他希望有朝一日能成为外派人员，在为公司工作的同时，了解、体验全新的世界。第五，他想在辞职前至少储蓄 5 万美元；第六，他想开发一种商业模式，并发展自己相关的能力。在追求这些目标的同时，他积极地寻找方法并学习关键知识，想帮助人们朝着他们认为有意义的方向改变。

美国著名作家拉尔夫·沃尔多·爱默生（Ralph Waldo Emerson）曾经写道："为了获取幸福，我们应该确保自己时刻拥有一个重要的目标。"精心设定的目标可为我们提供价值感和目的感。著名的职业篮球运动员朱利叶斯·欧文（Julius Erving）曾说："目标决定了你将成为什么样的人！"这些观点表明，没有目标就像在茫茫大海上随波逐流地航行，你的航向漫无目的，只取决于不断变化的潮汐和洋流。有了目标，你就可以根据它来设定路线、指导行动、表达意图。当你进行了自我反思，完成了自我澄清，并利用自我认知制定了愿景声明时，你就做好了为人生确定具体目标的准备。正如美国作家格洛丽亚·斯泰纳姆（Gloria Steinem）所说："若无大胆的想象和梦想，我们就不会对各种可能性感到兴奋。毕竟，梦想也是一种规划。"当你把梦想转化为愿景声明，你就为确定目标以及制定实现目标的规划奠定了坚实的基础。

有效目标的设定建立在重要的基础性工作之上。"希望"对于设定目标至关重要，因为目标反映了你对未来的希望。当你实施规划，朝着你希望创造的未来前进时，目标会持续激发你的希望。例如，马丁·路德·金（Martin Luther King）对未来的希望，始终推动着他致力于创建一个更公正的社会（他的目标）。当目标受阻时，"希望"能为你提供坚忍不拔的毅力。政治活动家杰西·杰克逊（Jesse Jackson）以鼓励人们"让希望永存心间"而闻名，他深知在努力实现目标时保持"希望"的重要意义。

"希望"对于确定目标很重要，它对于实施规划来实现目标也同样重要。当个人动力信念（agency beliefs，即确信如果采取具体行动就有可能获得有价值的结果）与针对心中的目标采取坚定的行动相结合时，希望就孕育而生。然而，行动发生在具体的环境背景之中。环境背景会对目标的合理性及实现目标的可能性提供反馈。而运用在行动中获取的反馈信息是生涯适应性的一个重要方面（例如在掌握了新的信息后判断，我之前确定的目标对我来说仍然有意义吗？它对我而言仍然可取吗？它仍然有实现的可能性吗？）。它会引导你重新回到自我反思，持续进行自我澄清。

因此，自我反思和自我澄清是目标发展的关键所在。当你投入时间反思并澄清什么对你而言是重要的、你喜欢什么以及你擅长什么时，你就会适应性地使用这些信息来设想各种可能性。通过这种范式，自我澄清会成为你创设未来愿景的锚点，你可由此出发创设自己的个人目标。在整个过程中，对于希望 – 行动理论的每一个步骤（自我反思、自我澄清、制定愿景、目标设定与规划、执行与调适），你的重点都应该放在所获取的新信息上。因此，在这些步骤中，持之以恒地陪伴在你身边的生涯"伙伴"是在与环境交互中不断获取的信息。有一点毋庸置疑，随着你对自己和环境的不断了解，希望 – 行动理论的步骤也会伴随你一生。

SMART 目标设定策略

接下来，我们探讨如何建立一个具体的个人目标设定模型。

事实上，你可以使用很多策略来确定有意义的职业生涯目标。一种常见且有效的策略被称为 SMART，它由 5 个单词的首字母组成，每一个字母都代表着设定目标过程中的一个要素。

字母 S（specific）是指目标需要尽可能具体。例如，目标设定为"尽可能减重"是不够具体的，而"体重从现在的 250 磅^①减少到 200 磅"则是一个更具体的目标。

M（measurable）表示，目标必须是可衡量的。例如，与"将平均成绩从 C 提高到 B"的目标相比，"努力学习"就不是一个容易衡量的目标。

目标虽然有一定的挑战性，但它必须是可以实现的，即 A（achievable）。如果目标实现起来遥不可及（这就是目标与愿景的不同之处），那么你就不太可能朝它努力奋进；而如果目标实现起来轻而易举，那么你就不太可能热衷于孜孜不倦地追求它。因此，目标必须具有足够的挑战性来激发你的斗志，但挑战性又不能高不可攀，以至于让你对实现目标感到绝望。

目标还必须与你基于优先顺序而描绘的愿景相关，即 R（relevant）。如果你设定的目标与人生愿景毫无瓜葛，就会像将房屋建造在松软的地基上，可能会摇摇欲坠、随时坍塌。SMART 策略中对字母 R 的另一种较为广泛的理解是，目标必须是现实的（realistic），不能虚无缥缈。

如果对实现目标没有具体的时间表 T（timeframe）来限定，那目标终究只是一个愿望或梦想。通过为你希望完成的事情添加时间限定，你会对事情的进展更具时间观念，当截止日期临近时，你会产生时间紧迫感，促使你集中精力完成任务。

例如，你经常幻想"在一个巡回乐队中担任首席吉他手"，而你才刚刚开始学习弹奏吉他，因此在接下来的 6 个月内，"加入一个巡回乐队"可能就不是一个现实的目标。一个可以帮助你实现梦想的现实目标是"在接下来的 2 个月内

---

① 1 磅 =0.454 千克。

掌握如何弹奏出吉他的基本和弦"，最终目标是"在 2 年内进入巡回乐队"。

需要指出的是，你应该兼有短期目标和长期目标，并且短期目标要与长期目标有关联。例如你的长期目标是"在接下来的 5 个月内体重减掉 50 磅"，即你想把自己的体重从现在的 250 磅减到 200 磅。你的短期目标可以是"这个月将体重减掉 10 磅"，这样，月底时你的体重就会减到 240 磅。短期目标可以帮助你把长期目标分解成相关的、有目的的、可实现的小目标。这些小目标帮助你坚持不懈，使你的行为始终专注于实现长期目标。

> **小贴士**
>
> 如果你的目标无法衡量，那么你就无法得知自己的目标是否达成。

使用 SMART 策略设定目标是一个不断发展、持续完善的过程。当你开始向着自己的目标努力奋进时，可能需要以多种方式来调整它。比如，你意识到这些目标与最初的设想相比实现起来太轻松或无比艰难，或者由于不可预见的事件，你需要对目标的时间范围进行调整。因此，在你向着目标努力奋进时，要适时地重新审视它们，以确保当前的目标对你而言仍然符合 SMART 策略，这一点特别重要。请定期进行自我反思，以确认目标对你而言是否还存有意义；确保你的目标与愿景息息相关，这会让你专注于要实现的目标。

时常花时间想象一下目标实现后的情景可能会益处良多。比如你的目标是"大学毕业并获得建筑学学位"，那么可以时而想象一下自己在毕业典礼上走上舞台领取学位证书时与院长亲切握手的情景；时而想象一下自己穿着毕业礼服戴着学士帽的样子，体验所有与这一成就相伴而来的积极情绪。你可以经常运用这种可视化（visualization）策略，不需要每天都这样想象，每周 3 次即可，它只需要你投入几分钟时间。

与你长期目标相关的短期目标，可以被设定为"将每天的学习时间从 30 分钟增加到 60 分钟，每周学习 6 天"。需要强调的是，请务必写下你的愿景声明、长期目标和短期目标，确保在完成目标时及时给自己奖励。

活动 9.1　SMART 目标活动

请利用你获得的关于个人愿景的信息，设定一个与你的愿景相关的长期目标，让你的目标符合 SMART 策略。你设定并写下自己的目标后，与另一个人分享它，并解释它是如何满足 SMART 策略的。

然后，请设定一个与你的长期目标相关联的短期目标，并确保这个短期目标也符合 SMART 策略。

规划

短期目标为长期目标的实现提供了行动方案。为实现目标而制定的规划，需要包括达成期望结果的具体行动，以及完成这些行动的时间表。因此，当你使用 SMART 策略设定了短期目标后，请制定一个能够实现短期目标的行动列表。确定你必须获得的信息、必须使用的技能，以及为实现短期目标而必须付出的行动。当你制定规划实现短期目标时，需要优先考虑关键行动步骤是什么。当一个短期目标实现后，请确保将这个过程中获得的新信息用于指导下一个短期目标，以及你为所有目标制定的整体规划。

活动 9.2　规划活动

请运用本章提供的知识和信息，独立完成以下每个步骤。在此之前，你可以回顾本章对每个步骤的描述。

职业生涯愿景声明：

职业生涯长期目标：

短期目标：

关键行动步骤：

时间表：

结果：

当前状态：

目标设定与规划的注意事项

很多时候，人们漫无目的地执着于设定目标的训练，而没有跳出来，去思考更宏观的前景或周围的环境。在人生的某一个阶段，你可能只是为了设定目标而进行训练，因为其他人似乎有了属于自己的目标，而你没有；或者因为新年将至，你触景生情，立志成为一个更优秀的人；或者因为你的老师或咨询师给你布置了练习任务。在这些情况下，你可能有动力去实现这样的目标。而且事实上，只要你认真规划并采取积极行动就可以实现它。当然，许多设定的目标即使符合 SMART 策略，也可能在实践中无法实现。

首先，过于重视他人的期望会让你徘徊不前。即使你设定并实现了 SMART 目标，也很难体会到长久的快乐和满足感。

例如，在许多文化中，进入名牌大学读书被看得极为重要，很多家长和学生将大部分时间与资源投入高考（大学入学考试）中。在这些文化背景下，与学生的内在动机相比，进入一所排名靠前的大学就读更具社会价值。学生遵循典型的社会期望并相应地设定了自己的目标。因为聪明的孩子坚持不懈地学习和考试，所以他们实现了自己的目标——进入名牌大学。进入大学后，因为没有其他目标可追求，他们的大学生活变得索然无味。在经历一段无所事事的时期后，他们可能会去追求下一个社会期望的目标。然而，这种无所事事的时期，显然不会是最后一次在他们的职业生涯中出现。

其次，如果对某个目标的追求过于执着，你可能会失去对自己生活和环境的整体意识，忽略周围的人和机会。这种情况被称为"管状视野"（tunnel vision）或"井蛙之见"。如果你出现了"管状视野"，即使你非常重视他人的尊严与幸福，你和他人的关系也可能受到影响。你的朋友和亲人可能会感到被你忽视或不被欣赏。因此，在你设定目标之前和实施规划的过程中，要时刻牢记并把握这一点：仅在人生的某一个领域（例如作为从业者或专业人士）有目标是不平衡的，这会限制你自己和重要他人同时获得幸福与满足的机会。要避免或缓解这个问题，就要多思考如何在人生中同时扮演好多重角色。

最后，目标设定与规划不能过于极端。有些人没有目标作为人生指引，而有些人却在同一时间追求太多的目标。如果还没有养成设定和追求目标的习惯，你可以从一个容易实现的简单目标开始。相反，如果你同时设定了太多目标，需要认真考虑自己的目标设定是否合适。

通常情况下，以成就为导向的人倾向于在同一时间设定多个目标，这会让他们的人生显得疲于奔波，但没有收获显著的回报。一种解决方案是，认真评估各种目标之间的相互关联，制定策略将不同的活动合而为一，同时实现多个领域的目标。例如，如果你是一名攻读管理咨询硕士学位的研究生，希望在相关的专业协会谋得自己的一席之地，你可以参加一个实习项目，通过志愿协助组织的变革过程来练习咨询技能。这样，你就能在满足学业要求的同时练习咨询技能，并与资深的顾问建立联系，获得在该领域的服务记录。在对每个目标充分关注的基础上，你需要精心选择，使得采取一个行动就可以达成多个目标。另一个例子是，如果你是一个父亲，想陪伴孩子一起玩耍，还想通过运动减重，那么你可以和孩子一起参加体育活动。

活动 9.3　有价值的目标清单

请首先在表格中写下你在人生不同领域设定的目标。如果表格中没有找到对你而言非常重要的人生领域，你可以把它添加在表格的最后。然后使用每个目标后面的数字选项来评估它们是否真的是你的人生目标（1 = 这个目标似乎是别人的；3 = 我不确定这个目标是否属于我；5 = 我有发自内心的强烈意愿来追求这个目标）。

人生领域	目标	评估等级
家庭	1.	①②③④⑤
	2.	①②③④⑤
	3.	①②③④⑤
职业	1.	①②③④⑤
	2.	①②③④⑤
	3.	①②③④⑤
社区与服务	1.	①②③④⑤
	2.	①②③④⑤
	3.	①②③④⑤
学习和自我发展	1.	①②③④⑤
	2.	①②③④⑤
	3.	①②③④⑤
休闲	1.	①②③④⑤
	2.	①②③④⑤
	3.	①②③④⑤
（　　　）	1.	①②③④⑤
	2.	①②③④⑤
	3.	①②③④⑤

完成表格后，请重新审视这些目标，思考它们是否可以代表你不同的人生领域。如果你的目标过于集中在一两个领域，那么建议你在其他人生领域设定一些有价值的目标。如果你列出了很多目标，请仔细观察

并思考，看能否通过一个项目同时实现多个目标。如果你发现可以通过一个项目同时实现某几个目标，你可以画线把它们连接起来。最后，再把焦点转移到你对每个目标的评分上。如果某个目标的评估等级为 3 分及以下，那么建议你针对这个目标进行自我反思、自我澄清和愿景声明练习；如果你的某个目标评估等级为 5 分，那么恭喜你，实现这个梦想的过程一定充满了快乐并富有意义。

设定调适性目标与规划

正如赫拉克利特（Heraclitus）所说的，人生中永恒不变的就是变化。即使你有足够的动力来实现某些目标，即使你已经从平衡的视角综合考虑了你的人生角色，即使这些目标与你的优先事项保持一致，但现实情况总是会随着时间的推移而发生变化。例如，你或你的家人可能会突发疾病，使你难以按照时间表设定的期限去执行规划，最终导致某些任务被推迟或放弃。当然，对此你可能会感到失望，与这些任务相关的其他人可能也会失望。如果某个目标风险较高（例如可能会因为未完成某项任务而失去工作），可能还会对你的人生产生重大影响。但是要记住，把某一件事搞砸了并不意味着世界末日，即使无法顺利完成一些特定目标，也总会有办法让人生充实。

在这种情况下，重新梳理一下你的目标与规划尤为必要。在此过程中，可以从三个角度来考虑调整或修改目标。第一，这个目标是否可以推迟到后续的时间来实现；第二，是否还有规划以外的其他活动可以让你实现目标；第三，你是否应该成为那个实现目标的执行人，如果思考后的答案是"不一定"，那么你可以找其他人来代替你完成它。

可以通过头脑风暴来预想各种可能的情况,你的优先事项(你最重视的事项)将变得越来越清晰。如果养成了一种习惯,即使在目标设定阶段,你也会发现实现同一目标可以有多种途径,那么适应变化的压力就会小很多。请把以变应变当作一个自然而然的过程,不要把它看作幸福与满足的阻碍。

执行与调适:第四部分的热身

在执行规划以实现目标的过程中,你需要时刻对规划进行监控和评估。当你采取行动时,请注意你获得的新信息。充分利用了解到的关于自己和目标的新信息,持续为你的规划调整提供支持。如果获得的新信息能强化你正在执行的规划,那么这些信息就为你提供了有价值的反馈,也表明你在实现目标的正确路线上前进;如果获得的新信息暗示你需要调整规划或目标,意味着此时应该重新进行自我反思和自我澄清。

在执行规划以实现目标的过程中,你需要时刻反思对自己和目标的了解。你在执行规划的过程中了解到哪些新信息?这些新信息是否意味着应该修改规划或目标?需要指出的是,请不要对任何修改做消极评价。事实上,恰恰相反,适当地使用新信息进行反思是非常睿智的举动。如果你总是可以获得有关自己和外部环境的新信息,却在进行职业生涯管理时将其置之不理,那么这种不充分利用新信息的举动才是愚蠢至极的。通过新信息反思自己和目标,可以使你保持灵活性,有助于你实现目标。

小结 !!!

人们内心深处都对有价值并愉快的工作体验充满了渴望。虽然这种美妙的体验不太能覆盖所有人和全部工作经历，但它对于令人满意的工作活动却是必不可少的。通过专注于对你而言重要的任务和喜欢使用的技能，你可以确定哪些活动最有可能为你带来这种被称为"生涯浮流"的最佳工作体验。

韩池已经制定了一个对他而言非常重要的愿景和目标，可能他在未来会享受很多心满意足的时刻。观察他的目标，你会发现有些目标非常符合 SMART 策略，但这需要他通过执行规划来进一步探索和验证自己的选择。保持开放的心态，调整目标的具体细节，找到其他需要具备的要素至关重要。刚开始设定目标时，它们不一定都必须符合 SMART 策略，只要它们对你而言有意义即可。但不久之后，把这些目标都循序渐进地使用 SMART 策略来描述是非常有益的。例如，韩池很快要把设定的目标进行细化，选择了一个短期目标，努力在特定的期限内达成它。然后，他将决定是否需要更多的条件，还需要哪些条件，等等。给韩池的一个小建议是，要充分考虑不同的人生领域，因为他似乎只专注于自己的事业。随着未来组建家庭，他在不同的人生领域中需要承担更多的责任。充分考虑不同的人生领域，可以让他更充分地享受人生，更为平衡地去追求目标。

确定目标以及实现目标的规划是非常关键的步骤。尽管这些步骤是基于你收集的关于自己和可能性的新信息，但你采取行动之前所掌握的信息，与你执行规划的过程中所获得的新信息之间，总会存在一些差距。你需要根据所获得的新信息进行评估，你所采取的行动是否在引导你走向自己真正想要的目标。当向着自己真正想要的目标前进时，你要根据获得的新信息在职业生涯中多次重复这些步骤，根据变化调整你的职业生涯目标或规划。

问题反思与讨论　?? ?

1. 回顾韩池的案例，他是如何将童年的体验融入现在的目标之中的？你如何能做到如他一样？试着找出童年时对你而言重要的事件，描述这些事件对你的未来有多重要？

2. 阅读一些你钦佩之人的自传，猜想他们在职业生涯中是否经常经历事业成功？如果你认为他们是，那么他们是如何取得成功的？你能从他们的经历中学到关于职业生涯的哪些知识？

3. 确定一个你需要修改目标的时机。你是如何决定要修改目标的？哪些信息让你决定修改它们？

4. 你认为设定目标时最需要考虑的事项是什么？

5. 你如何评估一个目标是"好"还是"坏"？

第十章 连接职业世界：调查、工作机会和趋势预测

目标

本章重点介绍职业信息这个重要的话题，以及如何在你的职业生涯规划中运用这些信息。阅读本章并完成相应的练习活动后，希望你可以初步了解以下内容。

● 进行职业调查以识别背景和发展趋势；

● 通过观察和利用人际关系网络收集职业信息；

● 进行文化调查；

● 通过工作见习和工作体验了解具体的职业；

● 通过整合自我评估和职场信息识别职业焦点；

● 用"电梯简报"（elevator statements）清晰地表达职业目标；

● 识别工作机会的来源，包括那些"隐性"的就业市场；

● 持续识别影响职业生涯的发展趋势。

案　例

　　尼克即将毕业。他与未婚妻科琳娜保持了 4 年的异地恋。尼克在异地求学时，科琳娜一直生活在他们一起长大的乡村社区。最近，尼克和科琳娜很高兴，因为今年夏天他们终于要结婚了。他们商议后，决定居住在位于科琳娜家的农场房舍内，这样可以帮助照顾科琳娜的祖父母。两年前科琳娜的母亲去世后，科琳娜承担了越来越多的赡养老人的责任。前不久，科琳娜的祖父中风了，从那以后她的祖母没有办法独自照顾自己的丈夫。在科琳娜父亲的经济支持和科琳娜的照料下，祖父母才得以继续在农场里和她们一起生活。

　　尼克同样有一个需要照顾的大家庭。但是他很乐于在经济上支持科琳娜，这样她就可以减少工作时间，在家中照顾她的祖父母。他非常理解这种生活方式，这也符合他的个人价值观和喜好。尼克在附近的另一个农场长大，成长经历与科琳娜相差无几。尼克的母亲和姑姑照顾尼克年迈的祖父母，而他的父亲则负责打理家庭农场。尼克深爱着科琳娜，并且爱屋及乌，同样也深爱着她的家人，深爱着他们的农场，甚至对坐落在两山之间谷地里美丽的乡村社区也深感依恋。他想象不出还有比这更美好的地方来抚养他和科琳娜未来的孩子。谈到孩子，尼克和科琳娜都希望他们有能力让科琳娜在他们孩子还小的时候留在家里做全职妈妈。

　　然而，尼克与他的父亲以及未来的岳父之间存在一个显著的区别，尼克不打算在农场工作。他的父亲和科琳娜的父亲都相对年轻，至少 20 ~ 25 年之内他们都不希望退休。尼克一直在学校学习商科，两个家族的农场规模都不大，不需要，也无法支付足够的薪水来雇用

尼克作为全职经理。他们乡村社区的经济并不算繁荣。尼克的大多数
朋友毕业后都离开了家乡，他们除了圣诞节和重大家庭活动回来，大
多数人都不打算回到家乡发展。距离这个乡村最近的城市需要 90 分
钟车程。如果能找到离家更近的工作，尼克绝对不想每天花费 3 小时
上下班通勤。

虽然尼克想在家乡谋得一份工作有其特殊原因，但几乎所有的求职者也同
样有自己偏爱的工作地点。本章将帮助你识别适合自己的工作机会，并且这些
工作机会是现实可得的，让你了解不同职业信息的来源，掌握如何收集不同机
构和组织的"第一手信息"，以及如何有效建立人际关系网络以获得工作机会。
当你完成职业生涯规划，准备进入职业发展（希望 – 行动方法的执行）阶段时，
这些信息和技巧都至关重要。

进行职业调查：背景和发展趋势

当你开始积极地寻找工作时，需要考虑很多不同层面的信息。希望 – 行动
理论强调了持续进行自我反思、自我澄清、修正愿景声明、调适目标与规划等
步骤的重要性。为了进入职业发展（希望 – 行动方法的执行）阶段，你需要收
集有关职业、组织、行业或部门的最新信息，以确保你的职业目标在当前经济
环境下是切实可行的。

你可以访问 O*Net 的网站了解不同职业的概要性描述[①]。查询你感兴趣的职业，阅读其职业任务，要求的相关工具和技术、知识、技能、胜任力，以及工作活动、工作环境、工作领域、教育背景、任职资格、职业兴趣、工作方式、职业价值观、工资薪酬、就业趋势和职位空缺的概要性描述；也可以访问一些招聘网站了解相关职业的招聘信息。

通过互联网浏览媒体资源，可以获取有关职业状况的最新信息。通常而言，用人单位的网站、行业年度报告、专业协会以及部门或行业委员会等会提供非常具体的、与各个职业密切相关的信息。你可以把某些就业网站作为调查职业信息的起点，一步步探索职业的动态变化。例如在美国，随着"婴儿潮一代"陆续退休，预计许多组织、跨行业机构和跨职业群体将面临技术人才短缺。然而，随着科学技术日新月异的发展变化，尤其是人工智能技术的长足进步，许多行业和职业对从业者的需求也发生了改变。在国际上，劳动力的供给与市场需求之间普遍存在不匹配的现象。一些人由于不具备工作所需的技能而失业；同时，一些工作岗位由于缺乏具备熟练职业技能的从业者而空缺。此外，全球商品市场的供需变化也会影响各地的劳动力市场。例如，2019 年，世界主要经济体之间的贸易和外交政策摩擦，加剧了市场的不确定性，这种广泛的不确定性对世界各地都产生了影响。紧随其后，2020 年新冠肺炎疫情全球大流行，再次对世界多个区域的经济和贸易产生了巨大的影响。高度互联的全球经济就像混沌理论中描述的一样，一个领域的细微变化可能导致其他地方发生惊天巨变，

[①]　在中国，教育部学生服务与素质发展中心主办的"学职平台"网站也提供类似的职业概要描述。——译者注

而这种变化又是无法提前准确预知的。因此，在你最终确定职业目标之前，获取当地劳动力市场最新的可靠信息至关重要。

活动 10.1　职业要点与发展趋势

请首先选择两种职业进行探索。你可以使用下面的表格来记录就业网站数据库中的关键信息要点。然后，针对每种职业至少查阅 3 个有效的信息来源（最近 3 个月内发布的信息）。请留意那些与就业网站提供的结果一致或相悖的信息。

职业名称	关键信息要点	最近的更新 （请注明信息来源和发布日期）

职业名称	关键信息要点	最近的更新 （请注明信息来源和发布日期）

通过观察和利用人际关系网络收集职业信息

通过媒体和互联网等资源查阅并收集尽可能多的职业信息后，很重要的一点是把你的发现与那些你调查的职业相关领域或组织的从业者进行确认。这种确认信息的方法通常被称为信息访谈。

人际关系网络又被称为人际网络，就是与你交往互动的群体，包括你的家人、朋友、同学，以及专职或兼职工作的同事，足球队的队友，甚至是朋友的朋友。当你开始收集职业信息（以及紧随其后的具体招聘信息）时，将人际网络中重点人物的联系方式整理到常用联系人列表中可能会很有帮助。

在你的个人或职业人际网络中，可能已经有人能够很好地为你提供与职业相关的最新信息。如果还没有，那么建议你联系人际网络中的亲朋好友，找到那个可以回答你问题的人。熟人的电话通常比陌生人的电话更容易打通，因此，建议从你熟悉的人开始联系。然后，用这些熟人的名字去联系那些与他们有关联的人，这种方式可以让你的沟通过程更为顺利。同时，不要忽视通过在线平台建立的社交网络的力量，它们可以帮助你迅速扩展人际网络，并将你的信息推荐给你感兴趣的行业、职业或区域的相关联系人。

活动 10.2　信息访谈

要练习信息访谈，首先要在你的人际网络中确定至少 3 个联系人。

然后向他们询问你选择的 2 个职业。

在下面的表格中写下你收集到的新信息。

例如，尼克向他的父亲和未来的岳父询问了他们乡村社区中有哪些企业正在发展壮大或经理即将退休。

示例：尼克的信息访谈表格

职业名称	联系人和时间	当前的信息
经理	父亲 科琳娜的父亲	社区新开了一家五金商店 合作商店饲料部的经理将于9月 退休

现在轮到你了，请完成下面的表格。

信息访谈表格

职业名称	联系人和时间	当前的信息

进行组织文化调查

小贴士

一个组织的文化如同其个性特质。从本质上讲，文化是如何完成事情的蓝图。

除了通过媒体、互联网和人际网络获取客观真实的信息外，求职过程也包含积极主动的方面。你正在寻找一个"适合"的组织，同样，招聘人员也正在寻找符合其组织文化的员工。

价值观、信念、态度和行为都有助于组织文化的形成。组织文化影响着客户、员工和管理层之间的互动，以及在组织中获得奖励的结果类型。

进行组织文化调查，以确定你拟选择中的行业与组织的一些细微指标。将需要确定的指标集中在与你相关的组织文化方面，这有助于你在职业生涯规划中的进一步自我澄清。这些指标的线索包括可见的人文面貌（例如建筑物的位置和类型、员工的着装方式、员工看起来是否快乐、员工子女日托班或员工健身设施的指示、公共标志或赞助、描述教育福利或支持的招聘方案等）。此外，倾听对话也可以发现这些指标的线索，例如，员工和管理者是否相互尊重，企业在行业中的定位，以及企业氛围是对企业充满希望、积极参与还是消极怠工等。

活动 10.3 组织文化调查

要进行组织文化调查，请首先确定你希望收集的具体信息类型。例如行业中如何对待女性；该组织是不是"家庭友好"型；员工通常需要多长时间才能获得晋升机会；技术发展对组织的最新影响；是否大部分员工在该组织工作两年以上等。

接下来，请你确定每种信息类型的最佳来源。例如，该组织的网站是否提供了相关信息的线索？如果是社区机构或公共事业组织的前台岗位，是否有机会以公众身份进入工作场所进行观察？员工是否倾向于在一天中的特定时间离开公司，并排队乘坐公共交通工具？员工是否在当地餐厅就餐？

请选择一个要对其进行文化调查的组织，使用下面的表格记录你的调查结果。例如，尼克回家过周末时，去参观了合作商店。他特别感兴趣的指标是"合作商店是不是年轻人喜欢工作的地方"。

示例：尼克的文化调查表格

信息类型	信息可能的来源	当前的信息
年轻人喜欢在这里工作吗	店内观察 在合作商店工作的邻居	员工精力充沛并充满欢声笑语 员工有自己的冰壶队和垒球队 员工不会轻易辞职

　　虽然你可以通过被动观察而不是主动接触来收集所需的大部分信息。但你会发现，接触"文化通"很有帮助。与信息访谈类似，"文化通"可以帮助你了解行业或组织的运行方式，你可以利用你的人际网络来寻找"文化通"，你可以向他们询问下面这些问题。

　　请问在这里工作有哪些好处？有哪些欠缺？

　　什么人适合在这里工作？什么人不合适？他们为什么不合适？当人们不合适时，通常都发生了什么？

　　什么事情在这里会被认真对待？为什么？

　　现在轮到你了，请完成下面的表格。

文化调查表格

信息类型	信息可能的来源	当前的信息

参加工作见习和工作体验

对于进一步的信息收集，可能需要实地观察。比如上面讨论的组织文化调查，你可以在不做任何特殊安排的情况下，直接前往工作场所进行实地观察。

在这个阶段，你的职业目标可能已经大致确定，因此，最好能在感兴趣的职业或特定组织中"工作见习"。如果学校提供了参加工作见习或工作体验的项目，一定要好好利用它。

如果你没能申请到参加学校提供的工作见习项目，那就利用你的人际网络来确定要跟随并观察的职场人。到一些组织见习，有时会遇到安保问题（例如，人员在进入工作场所之前需要获得安全许可），在这种情况下，

小贴士

当你在购物、乘坐公共交通工具或拜访社区需要其提供服务时，要抓住机会观察这些工作场所从业者的工作状态。注意他们的工作态度和行为特点（例如，员工看起来是否开心？是否对工作事务很投入？是否心情沮丧？是否呈现出不耐烦的情绪？）。思考一下你每天观察到的工作有哪些方面吸引你？有哪些方面让你排斥？为什么？

小贴士

工作见习提供了一个独特的机会，使你可以从职业内部了解职业本身。

得到组织的授权或与相关机构签署安保协议就能获得安全许可。这是非常值得付出努力去争取的机会，工作见习为你提供了一个独特的视角，让你深入了解职业、行业或组织的日常运行情况。

工作体验是调查职业非常有效的方法，它有很多形式，包括做志愿者、兼

职或季节性工作、课程实践（例如专业实习、合作实习、学徒实习等）。与工作见习类似，工作体验也从内部视角提供了对组织和行业中各种职业的看法。然而，工作体验的效果远超工作见习。在工作体验过程中，你有机会运用自己的技能，发展新的技能，建立职业关系，并检查"适合度"。请抓住任何可以获得工作体验的机会，它们有助于你了解具体的职业目标和规划。

要想充分利用工作见习或工作体验机会，你需要提前做好准备。首先，你需要确定具体问题或学习目标；其次，你要在职场中寻找机会展示自己的知识和技能；再次，在适当的情况下，你需要快捷求助或进行一些快速调查，弄明白自己观察到的职业问题；最后，通过后续行动来跟进工作见习或工作体验，以加强你与职业的关联。

通过整合自我评估和职场信息来识别职业焦点

希望-行动方法把自我反思、自我澄清和目标设定作为起点，通过本章的活动，你已经积累了关于自己感兴趣的职业、行业和具体组织的有价值的信息。接下来是至关重要的一步，你需要整合所有这些信息，识别一个可行的职业焦点（即你想做的工作以及下一步需要采取的行动）。

活动 10.4　职业选项

请使用下面的表格系统地比较你正在考虑的具体职业，以及自我评估和职业调查的亮点。例如，尼克一心要在离他居住的乡村社区尽可能近的地方寻找一个管理职位。

示例：尼克的职业选项表格

职业名称	自我评估	职业调查	备注 / 下一步行动
经理	卓越的领导能力 高度组织化	总经理和运营经理是紧缺职业	与人际网络中相关的当地联系人交谈 对合作商店经理和新开张的五金商店持续跟进

现在轮到你了，请完成下面的表格。

职业选项表格

职业名称	自我评估	职业调查	备注 / 下一步行动

请记住，你的职业目标将在接下来的人生旅程中持续发展演变。在当前阶段，你只需要寻找足够的职业焦点来形成具体的工作线索。现在看来非常适合你的工作，以后可能不再适合你。在某些情况下，你可能会在相同的职业、部门或组织中丰富自己的职业生涯。而更多的情况下，你需要重新定位职业以重建最佳的生涯浮流体验。随着职业生涯的发展演变，持续的自我反思将提高自我澄清、创设新的愿景以及改进调整后的目标与规划。因此，你将不断地适应个人和环境的变化，并战略性地实施新的职业策略——希望–行动职业生涯循环是持续发展的。

本章接下来的部分，将帮助你实现当前关注的职业目标。你需要制定一个简短的陈述，来清晰地表达你的职业目标，这个陈述通常称为"电梯简报"或"30秒广告"。

用"电梯简报"式陈述表达职业目标

清晰地表达你的职业目标非常重要，这样才能使你人际网络中的联系人确切地了解你在寻找什么工作机会，从而向你提供帮助。"电梯简报"名字的由来，源于那些可能开启未来之门的短暂偶遇。

以尼克为例，他和即将退休的合作商店经理在停车场偶遇了。他该说些什么来表达对合作商店的兴趣和了解呢？他如何明智地投入30秒时间来激发对方对后续会面的兴趣呢？

就像尼克在停车场的偶遇一样，重要的偶遇可能发生在任何地点，而不仅仅是发生在电梯里。想想你在日常活动中（例如在课间喝咖啡、在朋友家吃饭、在超市购物或在理发店理发时）可能遇到的人们，那个对你求职而言非常重要的人也许就在你身边。我们之前已经讨论过偶然性或机缘巧合的重要性，"电梯简报"可以让你从容应对并充分利用这种偶然机会，不会因为不知道该说些什么让难得的机会从你身边溜走。

活动 10.5　"电梯简报"

请使用下面的表格来起草一份"电梯简报"，并且确保"电梯简报"内容包含两类信息：一是你的职业目标或具体的工作重点；二是你的资历如何支撑你的职业目标。如果你目前有多个职业选择，请你分别为它们写一份"电梯简报"。"电梯简报"的语言需要充满创造力，请确保你的"电梯简报"引人注目并令人印象深刻。

例如，尼克的"电梯简报"用于应聘当地企业。他在"电梯简报"中写道："嗨，我是蒂姆·贝尔格的儿子尼克·贝尔格。过去 4 年我一直在上大学，但是我要结婚了，5 月毕业后就会搬回这里。我想谋得一个小公司的管理职位，或者其他能让我学以致用的与商业相关的职位。我有商学学位，有 7 年在本地多个企业暑期兼职的经验，还有 20 多年的农场工作经验。我几乎认识这个地区的每一个人——我的家族在这片土地上已经耕种了百余年。"

电梯简报

我的目标：
我的资历：

搜集具体的工作机会

你现在距离希望–行动方法的执行阶段越来越近。制定规划之后，你就可以去寻找具体的工作机会了。或许你已经注意到了招聘信息的常见来源，例如，大学的就业中心、招聘网站、报纸、用人单位网站上的招聘专栏等；行业协会和联盟的网站也会提供工作机会；许多雇主会使用一些通用资源网站发布招聘信息。尽可能从多个来源搜寻招聘信息是一个好办法，这样可以更高效地找到让你感兴趣并且符合你要求的工作机会。

活动 10.6　搜集招聘信息

请使用下面的表格，搜索并列出你感兴趣的 5~10 个招聘信息。

编号	招聘信息
1	
2	
3	
4	
5	
6	
7	
8	
9	
10	

你可能没有意识到，绝大多数雇主从来不公开发布招聘信息。根据调查，美国某些行业和地区不公开发布招聘信息的比例高达 90%~95%。为了搜寻到这些隐性的工作机会，你的人际网络将是无价之宝，这也是"电梯简报"如此重

要的原因之一。了解你的人需要确切地知道你在寻找什么样的工作，以及你有何资历胜任这份工作。否则，当无意中获取到招聘信息时，他们不会意识到它对你而言是一个完美的工作机会。

通常而言，没有公开发布的工作机会可以分为三类。

第一类是在某些情况下，因为你给潜在雇主留下了深刻的印象，所以专门为你量身打造了一份工作。这种情况通常发生在实习或工作体验之后，雇主在你身上投入数周或数月的培训，他们通常不想失去一名优秀的员工。甚至在某些情况下，雇主会拼凑出一份工作让你尽可能留在工作团队中。有些时候，信息访谈也会带来工作邀请，这种情况下的工作机会也归属于这一类。

第二类没有公开发布的工作机会是，有明确的岗位需求，但由于成本因素没有公开发布招聘信息。原因可能是管理者没有时间，或者没有人力资源管理能力来进行复杂的招聘过程。在这种情况下，雇主可能会向朋友、同事、员工或客户寻求推荐人选。此时，你的人际网络又可以发挥重要作用了，及时沟通，才可能捕捉到他们获知的相关工作机会。例如，从他们那里得知由于员工求学、休假、退休或其他机会而出现的岗位空缺。此外，你还可以拜托他们帮你留意新项目或业务的季节性激增带来的工作机会。

第三类是专门面向组织内部小范围发布的工作机会。在这种情况下，严格来说，这个职位已被发布过了，但仅限于被选定的人群。然而，如果有人与你分享此类招聘信息，请不要犹豫，马上申请。在许多组织中，尤其是政府和工会组织，他们会首先确定没有内部人员对空缺的工作岗位感兴趣或满足资质，然后才会向外部应聘者公开发布招聘信息。如果你在招聘信息公开发布之前就获得了这类岗位信息，那么你通过工作申请，可能会在别人知道这份工作空缺之前就被录用了。

活动 10.7　隐性招聘信息

搜索并列出你感兴趣的 5~10 个未公开发布的招聘信息，并写在下表中。

编号	未公开发布的招聘信息
1	
2	
3	
4	
5	
6	
7	
8	
9	
10	

许多有效的策略可以帮助你获取具体的工作机会。请通过以下方法与职业环境保持积极联系：

- 社交活动、志愿服务和工作实习

- 如果有必要，请充满热情地给不太熟悉的联系人（不相识的雇主或相对疏远的朋友等）拨打电话，主动表达你对某个具体的职业、部门或行业的兴趣

- 持续留意公开发布的职位空缺信息

预测影响职业生涯的发展趋势

职业调查需要在你找到理想的工作之前就开始，并在工作之后持续进行。随着科技发展，人们的工作方式不断改变，全球经济的联系日益紧密，新的职业层出不穷，有些变化在你上次寻找工作时还未发生，请时刻留意这些变化，思考它们能否以及如何影响你的职业生涯。这种持续的留意和思考与希望-行动方法的调适阶段相呼应。在这个阶段，你需要评估不断变化的信息，主动回应变化，然后重新进入自我反思阶段，再次开启职业决策循环。

活动 10.8　技术变革

思考技术变革如何影响你的职业生涯，以及你将如何有效应对技术变革。

例如，尼克意识到管理者越来越需要习惯于使用基于网络的数据库、文档和通信工具，以及一些融合了人工智能和机器人技术的新技术。

示例：尼克的科技变革表格

技术变革	对你职业生涯的影响	应对技术变革之策
基于网络的工具	基层的管理人员可以立即连接到总部和中央数据库，实时访问库存跟踪系统	完成互联网机构开设的关于新兴技术的3门选修课程

现在轮到你了，请完成下面的表格。

技术变革表格

技术变革	对你职业生涯的影响	应对技术变革之策

有些发展趋势与全球经济息息相关，而有些发展趋势是某些行业、职业或组织的特定情形。例如，一家当地企业倒闭时，另一家相关企业可能会提供扩展服务来填补市场缺口；一个行业引入新的标准时，一些职业群体将享有特权，而其他群体可能失去工作。

虽然人工智能迫使一些工作岗位缩减，但它也产生了许多与设计、工程、编程、培训和新兴产品营销相关的新型工作岗位。

活动 10.9 5 个发展趋势

请重新审视你的职业调查，使用下面的表格列出在你选择的职业、部门或地域内，对你的工作有影响的 5 个发展趋势。例如，尼克的调查表明，市场对经理岗位的需求不断增加。他还意识到，新技术意味着更多的办公室工作可以集中管理。

示例：尼克的 5 个发展趋势表格

序号	对你的工作有影响的 5 个发展趋势
1	2016 年至 2026 年间，预计总经理和运营经理将有 210 700 个职位空缺（O*Net, n.d.）

现在轮到你了，请完成下面的表格。

5 个发展趋势表格

序号	对你的工作有影响的 5 个发展趋势
1	
2	
3	
4	
5	

人们的工作方式也在不断变化。在留意相关发展趋势时，要考虑你所在行业的大部分工作是项目驱动性，还是永久性的全职工作。劳动者通常是个体户、临时工，还是传统雇员？人们一般在哪里工作（居家办公，在当地的办事处办公，还是集中在总部办公）？是否有工作外包给其他国家的员工？

活动 10.10　工作方式

请使用下面的表格列出在你选择的职业、部门或地域内，工作组织方式的调查结果。

例如，尼克发现管理职位通常是全职的，但咨询职位通常是基于项目的。

特征	职业一	职业二
项目驱动性或永久性		
兼职或全职		
劳动者为个体户、临时工或雇员		
办公地点：居家、当地、总部或线上		
其他（列出特征）		
其他（列出特征）		

把握发展趋势可以帮助你预测未来更为稳定的职业和工作。一般来说，同时关注多个发展趋势，会更好地提高你的就业保障。例如在知识经济领域，随着劳动力的日益多样化和人口加速老龄化，受过良好教育、会说多种语言、文化胜任力强的保健服务经理会越来越受到市场的欢迎。同样，在机器人和人工智能正逐步取代人类工作岗位的时代，那些需要复杂的人际互动、共情感受，以及有效识别和处理人类情感的工作将继续需要人类作为劳动力供给。所以，心理健康咨询师在 O*Net 网站中会被认为是具有"光明前景"的工作。

活动 10.11　发展趋势对职业的影响

根据之前在本书中完成的评估和练习活动，请在下面的表格列出你感兴趣，而且未来可能从事的 3 个职业。确定影响各个职业的 3 ~ 5 个发展趋势，并评估这些趋势对该职业的具体影响。

例如，尼克意识到，由于使用集中式计算机化管理系统的发展趋势，一些管理职位可能出现在城市中。

示例：发展趋势对尼克的职业影响表格

职业	发展趋势	影响
财务经理	集中核算制	乡村大型企业中求职机会减少

现在轮到你了，请完成下面的表格。

发展趋势对职业的影响表格

职业	发展趋势	影响

你考虑过从事国际化的职业吗？互联网提供了获取世界各地招聘信息的途径，这使得把握和响应其他地区的经济发展趋势变得越来越容易。即使你选择的职业离家不远，或者因为新冠肺炎疫情肆虐出行不便，你也会受到经济全球化的影响。例如在一个跨国组织中与来自世界各地的同事一起通过互联网平台工作。因此，了解全球经济发展如何影响你的职业生涯是至关重要的。

活动 10.12   经济全球化对职业的影响

请使用下面的表格来描述经济全球化对你正在考虑的职业的潜在影响。

例如，当尼克思考经济全球化的影响时，他意识到无论住在何地，科技发展都可以让他在家工作，于是开始调查与当地农场有生意往来的跨国企业。

示例：经济全球化对尼克职业的影响表格

职业	全球化发展趋势	潜在影响
财务经理	小型和居家企业的增长 与大型跨国企业合作的趋势	考虑作为多家大型跨国企业的本地客户经理开办自己的居家企业

现在轮到你了，请完成下面的表格。

经济全球化对职业的影响表格

职业	全球化发展趋势	潜在影响

小结   ！！！

在本章开篇的案例中，尼克即将完成学业，获得商学学位。他希望能在他和未婚妻科琳娜从小所在的乡村社区找到一份工作，科琳娜目前正在那里照顾家中老人的生活起居。"希望"是希望－行动方法的核心，所以对尼克而言，让希望在心中持久不灭就尤为重要。要实现到这一点，"希望"需要与希望－行动理论风车模型中的其他要素进行交互。

在开始寻找工作之前，尼克进行了一些自我反思。他意识到自己不能像父亲和未来的岳父那样在农场中务农为生。他审视了自己的内心，决定和科琳娜在她家的农场组建家庭。他意识到自己的价值观和偏好适合回到家乡工作。尽管当地经济形势已经发生了变化，但他想在这里把他们未来的孩子抚养长大。

尼克的反思使他得到了自我澄清，清楚了自己想在哪里生活和工作，以及如此决策的原因（希望－行动理论中提到的主观自我澄清）。同时他也意识到，在乡村社区中获得全职企业经理职位的工作机会非常有限，但又不愿每天投入 3 小时通勤时间去其他城市工作。尼克与科琳娜及其家人的反思、讨论也让他的人生角色变得清晰：他非常重视科琳娜照顾大家庭的承诺，希望自己能够在经济上支持她；虽然尼克不想务农，但他很愿意生活在农场中，并且乐于在家乡和社区中发挥积极作用。

在下面讨论和反思的问题中，请尝试将其余的希望－行动方法应用于尼克的案例中。通过头脑风暴来帮助尼克展望未来的可能性，然后制定一些短期目标和长期目标，并制定实现目标的规划。最后，你可以设想尼克如何执行你为他制定的规划。他将如何衡量成功？他需要哪些适应性来体验一份令人满意的职业？

本章的重点是，通过调查了解职业的真实情况，补充或调整你的愿景和目标设定。学会如何找到感兴趣的职业、行业和具体组织的背景信息。除了获取媒体和互联网上的信息，你还理解了信息访谈、文化调查和实习体验的重要性，这些活动可以帮助你探索正在考虑的工作和职场现状。

本章中的许多练习活动旨在帮助你整合对自我认知的信息（希望－行动方法中自我反思、自我澄清、愿景和目标设定）与你能够发现的关于职业发展趋势的信息。

你学会了如何撰写"电梯简报"，可以清晰地表达自己的职业目标和任职资格。

你还学习了如何搜集和识别具体的工作机会，包括那些隐性就业市场中的招聘信息（即未公开发布的工作机会）。

在本章最后提醒大家，在整个职业生涯中，要时刻把握发展趋势，时刻关注地区和全球经济的发展趋势，这些变化和趋势可能会对你的职业生涯产生重要影响。

本章总结了希望－行动理论的愿景、目标设定与规划等内容，接下来，你可以专注于执行和调适实现自己职业目标的策略了。

问题反思与讨论　　　　　　　　???

1. 在本章的案例中，尼克即将完成学业，准备着手找工作。请投入一些时间重新阅读案例（从本章开篇到小结），注意影响尼克职业生涯的所有重要因素。3 人一组，使用头脑风暴提出一些尼克可能会考虑的其他职业。请大胆设想，提出充满创意的观点，对尼克来说，最好的解决方法也许不是从事传统的全职工作。然后，请做一些职业发展趋势的调查。近年来农场管理发生了怎样的新变化？技术变革是如何帮助人们避免或减少长途通勤的？为尼克制定一个短期目标和长期目标，并为每一个目标制定清晰可行的规划。最后，确定尼克可以采取哪些具体措施和未来的雇主建立联系。个人的适应性将如何帮助他实现事业成功并满足他的经济需求，同时可以让他服务于他的社区？

2. 与同伴一起对你现在就读的学校或选择当地一家企业进行组织文化调查。工作环境中有哪些可见的人文因素可以为你提供线索？有哪些问题你无法轻易获取答案？什么人可能会是一个合适的文化顾问？你如何与文化顾问建立联系？

3. 与同伴一起练习"电梯简报"。你能在 30 秒或更短的时间内说出"电梯简报"的全部内容吗？你们可以相互提供具体的反馈建议。作为一个旁观者，你是否对同伴感兴趣的工作有足够的了解，如果偶然发现一个适合他的工作机会，你会（帮你的同伴）留意到它吗？你是否确信你的同伴有资格胜任（即你会把这个工作机会信息传递给他吗）？

资源拓展

O*NET 网站是美国职业信息的主要来源之一。O*NET 数据库包含数以百计的招聘信息，对所有用户免费。你可以使用该网站搜索招聘信息，或者使用职业探索工具进行自我评估。

- LiveCareer Staff Writer. (n.d.). *Questions to ask at the informational interview.*

为信息访谈做好准备与为求职面试做好准备同样重要。这就是信息访谈之前做好访谈提纲（准备提什么问题）至关重要的原因。这个网站提供了一些基本的信息访谈问题，同时也提供了其他相关资源的链接。

本书的第三部分引导了你运用自我澄清来创设一个让你觉得兴奋并可预期的未来愿景，并制定让你充满希望的行动步骤或规划。你需要掌控自己的人生，创设一个愿景，引领你走向内心渴望的未来。愿景反映了你对自己和世界的真实看法。完成这些步骤后，你就可以采取行动了。

将你的目标与规划付诸行动需要知识、支持和一点点勇气。在执行规划时，你需要关注以下几点：①加强对自己和世界的了解；②新信息如何影响你当前的选择；③你需要做什么（如果有必要的话）来调整你的目标与规划。这是一个周期性的循环过程，会伴随你的一生。

面对职业生涯和教育规划时，有些挑战会让人茫然不知所措，而我们正在学习的希望－行动理论，就是训练和提升应对这些任务的基本胜任力。你可以相信这样一个事实：希望－行动方法是基于过去数十年研究实践的结晶，这些研究是关于如何更好地制定规划，并将其转化为实现目标的行动步骤。

第四部分

执行与调适

第十一章　充分把握机会

目标

本章提供了一些让你有所收获的练习活动，帮助你提升实现愿景和目标的机会。阅读本章并完成相应的练习活动后，希望你可以初步了解以下内容。

- 识别能让你进一步探索职业兴趣的机会；

- 寻找与你未来职业选择相关的机会，这些机会能最大限度发展你的能力；

- 营造一个由职业生涯轨迹相似的导师和志同道合的人组成的支持性环境。

案　例

　　莎拉是一名大学二年级学生，她在摩洛哥的一所学校读书，主修工商管理专业，辅修人力资源开发专业。她一直热衷于通过学习心理学和人力资源开发课程来理解人类的行为。通过职业生涯发展课程的学习，她建立了一个愿景，计划创办一家国际化的人力资源咨询公司，旨在通过最大限度地发挥员工潜力为客户企业的成功做出贡献。此外，她还设想在晚年创建一个非营利组织，通过创办学校来帮助摩洛哥农村儿童获得教育机会。她一直活跃在一个名为"手拉手"的社团，并以助理的身份为当地一家孤儿院提供志愿服务。这些梦想让她的内心无比充实，她一直在寻找机会实现心中的愿景。除了参加社团活动，她没有太多与愿景相关的经验。

　　通过完成前几章与愿景和目标设定相关的练习活动，你已经为职业生涯和人生旅途设定了明确的方向。那么，什么样的机会能帮助你探索并实现愿景与目标呢？

投入令你激情澎湃的项目

　　如果你在闲暇时间对某些事物感兴趣，或者计划在未来的职业生涯中从事某事，那么首先要确定它们的本质是什么，以及如何采取与之相关的行动。

　　比如为了实现自主而节俭的生活方式，你一直渴望拥有一辆露营车。一些大学生和硅谷某些公司的员工也会这样做，他们是为了避免因学费背负债务，或者节省一笔新房的首付款。实现这种生活方式的方案之一是，购买一辆面包车，并把它改装成一辆露营车。例如，伊莱购买了一辆价值 1500 美元的面包车，并将其改装成了一辆露营车。伊莱在整个大学时期都住在自己改装的露营车里，他用攒下的钱去了许多国家旅行，体验了潜水等有趣的活动。通过投入这样一个充满激情的项目，伊莱培养了自己的机械装配技能、烹饪技能，还体验了一种节俭而冒险的生活方式。有些人可能会说，这样的生活方式会影响他的学习成绩，因为他必然要牺牲一些时间，这些时间原本可以用来学习或参加其他有价值的活动。但事实上，伊莱以优异的成绩毕业，他取得了两个学位，并获得了学术奖学金，他还在篮球队打球，每年夏天还会在森林里从事消防员的工作，积累了很多经验并丰盈了积蓄（DIY Eli，2018）。

你的心中有哪些令你激情澎湃的项目？它不需要像露营车改装那样复杂。它可能是成立一个学生组织或非营利组织，你可以从中锻炼人际沟通能力、领导力，了解组织如何运作；它可能是徒步 40 天，你可以从中学得坚毅、宽容、平和，学会热爱自然和野外生存本领；它可能是学习一种新的乐器或舞蹈，这将帮助你比以前更充分地享受人生；如果你喜欢建筑，它也可能是建造一座小房子或一座微型的埃菲尔铁塔……这样的例子不胜枚举，无论你心目中充满激情的项目是什么，只要积极投入其中，你就会更深入地了解它，以及更深入地了解你自己。当你整合了从上一个项目中学到的经验，下一个令你激情澎湃的项目就会更具成就感。

社团活动：寻找志同道合的人一起开展项目

参加精心选择的社团活动，可以帮助你发掘兴趣，发展技能，扩展人际关系网络，建立一个支持系统。大学里有很多社团和俱乐部，通过这些组织，你可以和志同道合的人一起开展你们热爱的项目。如果你是一名大学生，选择并加入社团几乎是大学生活的必修课之一。即使你不是大学生，也可以参加一些社会上类似社团和俱乐部的组织，定期参加它们组织的体育、娱乐、休闲和文化活动。

在选择加入何种社团或俱乐部时，充分考虑自己的愿景和目标至关重要。如果你的愿景和目标从多角色平衡的维度设定，它可能涉及多个不同的领域。例如，专业和个人发展、幸福感、关系管理和对社会的贡献等。建议你不必参加每个领域的社团或俱乐部，它取决于你当前的需求。假设你正在加强自己的语言技能和对某个国家文化的理解，那么你要参考具体的愿景和目标选择社团组织，如果你的目标是在联合国工作或在国际环境中工作，建议你加入"模拟联合国"；如果你的愿望是帮助人们或动物，建议你寻找那些以人文和动植物为主题的社团或俱乐部。加入社团或俱乐部不仅能帮助你获得必要的技能和经验，还能拓展你的社交网络，让你发现榜样和志同道合的人，并与他们建立联系。确定榜样并和志同道合的人紧密联系，拥有这样的支持系统是让你拥有目标并充满希望的重要因素（Smith et al., 2014）。

如果没有符合你兴趣和目标的社团或俱乐部，你也可以自己创建一个。如果你是一名大学生，你需要遵循特定的注册流程让这个社团或俱乐部在学校里正式生效。注册流程虽然重要，但更重要的是你创造这样一个组织环境，以共同追求你选择的目标和方向，最终也会满足其他人的需求。如果你不是大学生，你可以在网站上创建一个聚会小组或组织一个活动，广泛地邀请志同道合的人。

活动 11.1　选择社团或俱乐部

请根据下面表格中列出的领域，探索你周围的社团或俱乐部。你可以把下面表格所提供的 6 行全部填满，或自行决定填写多少。请记录下社团或俱乐部的名字，它们从事何种活动，成员聚会的时间，以及你对它们的看法。

领域	社团 / 俱乐部	活动和聚会	你的看法
职业生涯和专业发展			
对社会的贡献			
休闲 / 爱好			

当你完成表格后，请仔细审阅并反思，结合你的愿景和目标，思考哪些社团或俱乐部能满足你当前及未来的需要。如果你对任何一个社团或俱乐部都没有强烈的感觉，那么你可以自己创建一个社团或俱乐部。如果你有这个计划，请描述一下这个社团或俱乐部的主题是什么？你会组织何种活动？你将如何邀请其他人参与？

关于创建新社团或俱乐部的计划：

_____

_____

_____

志愿服务

志愿服务并不仅仅适合那些有闲暇时间的人，或者说志愿服务不应该被认为是一种"奢侈"的时间投入，你可以策略性地利用它来实现自己的梦想。即使忙于学习、工作或照顾家庭，你也可以考虑参加志愿服务。通过志愿服务，你可以在一个相对宽容的环境中测试自己的兴趣和能力，同时为一项事业做出贡献。如果只是追求有报酬的工作机会，你可能无法接触到这样的环境。在志愿服务过程中，你承担的某项任务可能需要你运用正在获得或渴望获得的知识和技能。如果你正在学习法律，可以志愿加入当地提供免费法律咨询的组织；如果你计划成为一名注册会计师，可以考虑通过当地组织提供免费的纳税援助；如果你是一个社团或俱乐部的成员，并希望有一天成为领导者，建议你志愿服务于一个领导团队。通过志愿服务，你将会经历更高层次的挑战，同时也会获得相关的技能，从而更接近你的梦想。雇主们寻找的是那些在现实世界中展示出自己技能特长的人。

这里有一些其他的例子。假设你的目标之一是亲自动手制造一些有用的东西，但你并不具备相关的技能。你可以参加木工或机械课程，或去一所职业技术学校学习。另外一种选择是加入诸如"仁人家园"[1]之类的组织，你可以为有需要的人建造房屋。在此过程中，你将学习到一些与自己兴趣相关的基本技能而无须支付学费。在当地的社区中，你可能会找到一个旨在帮助他人进行木工加工的组织，通过参与这样的活动，你将学习到基础的甚至高级的木工技能，

---

[1]　美国民间公益组织。——编者注

并且随着技能水平的提高，你还有机会成为别人的老师。

另一个例子是，如果打算在未来执教或培训其他人，你可以在自己的专业领域内提供免费的课程。你可以联系当地的学校、非营利组织和营利组织，为他们提供这样的服务。在此过程中，你将学习到市场营销、制定课程计划表和编写教材等技能，在帮助他人成长的同时实践自己的教学技能。积累这种类型的经验将帮助你提高教学和培训能力。此外，你的潜在雇主会很高兴在你的简历中看到这些活动。因为这些活动是重要的标志，它们表明你真心对职业目标感兴趣，并致力于实现你的目标。只要你下定决心，机会总是无穷无尽的。

活动 11.2　通过志愿服务提升技能

请找出实现你愿景和目标所需要的技能。你可以通过访谈已经处于理想状态的从业者，或者使用某些招聘网站进行在线搜索。在下面的表格中，列出你想发展和提升的技能，并找出能够让你发展这些技能的志愿服务机会，然后进行反思，列出行动计划。

想提升的技能	志愿服务的机会
反思	**行动计划**

出国学习和工作

在异国他乡旅行时，你会接触到不同的文化、饮食、制度和人群。这些都能激发你的创造力，因为你会不自觉地从不同的角度思考问题。有时候，你可能会习惯用自己国家固有的视角来看待他国的事物。但久而久之，你会掌握从国际经验建构而来的新视角来反思自己文化中的典型行为模式。独自旅行可以丰富你的人生阅历，如果这种经历与你的学习或工作结合在一起，你将有机会体验这个国家的亚文化（例如大学文化、课堂文化、职场文化等），并与当地和国际人士进行更深层次的互动。这不仅可以让你获得更深入的体验，还可以帮助你在完成学业或职业发展方面取得进步。

许多高校通过与国外机构达成直接合作，或通过留学网络平台为学生提供留学项目。如果你是一名大学生，可以尝试联系你所在学校的国际处或留学中心等部门，去了解关于留学需求、流程、费用等方面的信息。通常情况下，你需要向母校支付留学费用并在国外合作机构学习。仔细选择符合学位要求的课程，你会顺利地按期毕业，同时获得可能改变人生的经验阅历。

获得国际工作经验也可以丰富你的工作和生活。如果你已经有了全职工作，并且任职的公司在海外设有办事处，你可以考虑申请做驻外员工；如果你是一名学生，想在暑假找点儿事做，你可以考虑一下世界有机农场机会组织（World-Wide Opportunities on Organic Farms，WWOOF），或者加入劳动夏令营或打工度假等。WWOOF 的项目是在国外的有机农场工作，通常由东道国提供食宿，并以劳动作为代价。劳动夏令营的概念与之类似，但工作的类型更多（例如文化活动策划、表演、修复工作、影视拍摄、儿童教育等）。WWOOF 项目和劳动夏令营的优势在于，你可以与寄宿家庭及其他参与者互动，了解他们的文化，并在周末与其他参与者一起四处游历。打工度假与前两者不同，你可以像当地人一样，拿到工作签证后打工赚钱。打工度假的签证通常有年龄限制，你必须年满 18 岁。在美国，如果你的年龄在 25 岁至 35 岁之间，政府通常会发放为期一年的签证。对于本书介绍的三种国外工作类型，你需要的是一张机票和一些在工作之余外出旅行时的费用。此外，还有许多其他更为节约的方式来体验这个世界，你没有理由不去感受一下国外的工作和学习生活。

活动 11.3　探索国外留学或工作机会

请在下面的表格中列出你想访问的三个国家或地区，记录这些国家或地区的学校或其他留学机构，通过它们提供的课程来帮助你满足学位方面的要求。同时，列出这些国家或地区的工作机会。你可以通过互联网或者咨询学校的留学机构来找到这些信息，尤其是有关出国留学机会的信息。

国家或地区	留学机构	潜在的工作机会

加入专业社群

在你的教育或职业生涯早期，加入一个专业社群或组织是非常有帮助的，因为这样可以获得与专业人士互动的机会。如果你主修电气工程专业，那么建议你加入电气与电子工程师协会（IEEE），并定期参加协会组织的会议；如果你的专业是人力资源，建议你加入人力资源管理协会（SHRM），并参加SHRM组织的会议。加入何种社群或组织要根据个人的职业目标寻找合适的领域，有的专业社群或组织更注重实践，有的更注重理论研究。如果你计划攻读一个更高的学位，那么这两个方面都需要你去探索。如果你以前参加过专业社群或组织的会议，下一步可能是加入这些组织内的管理委员会、兴趣小组或社团，或者成为志愿者、理事成员等。你会遇到和你有着相似兴趣的人，很多时候，这些人可能会成为你的导师和榜样。事实上，在职业生涯发展过程中，你总会遇到一些人，在你们共同选择的领域里互相扶持并一起奔赴目标和愿景。

虽然在互联网上也可以找到各领域专业组织的信息，但建议你从教授、高年级同学和资深专业人士那里获得更多相关信息。你还可以通过领英（LinkedIn）等社交平台联系他人来收集信息，例如你可以询问职业发展机会或有关专业组织的详细信息等。在这个过程中，你可能会遇到愿意帮助你的人，他们会真诚地希望你在共同的专业领域取得发展，这些都将成为你的支持系统的组成部分。

活动 11.4　我所在领域的 3 个专业组织

请从多个来源收集信息，确定你所在领域的 3 个专业组织，并把每个组织的信息填写在下面的空白处，这些信息将用于下一步的目标规划。

专业组织 A

- 专业组织的名称：

- 选择该组织的原因：

- 主办会议的名称：

- 主办会议的时间：

- 主办会议的地点：

- 会员费：

- 会议注册费：

专业组织 B

- 专业组织的名称：

- 选择该组织的原因：

- 主办会议的名称：

- 主办会议的时间：

- 主办会议的地点：

- 会员费：

- 会议注册费：

专业组织 C

- 专业组织的名称：

- 选择该组织的原因：

- 主办会议的名称：

- 主办会议的时间：

- 主办会议的地点：

- 会员费：

- 会议注册费：

进入工作世界

为了职业生涯顺利发展，你可以先从事一些志愿服务；但如果你已经做好了进入职场的准备，那么实习、兼职和全职等形式的带薪工作会提供更好的体验，因为带薪工作会让你对工作和交付高质量结果的期望更高。带薪工作与志愿服务相比，虽然压力会很大，但它有助于培养你的职业道德。

本书的第十二章和第十三章详细介绍了如何获得工作机会，以及如何为这些机会做好准备。在本章中，让我们从宏观的视角看待带薪工作机会。例如，如果你是一名想成长为航空工程师的大二学生。你应该把更多的精力投入学习，而不是把整个暑假都用于做夏令营顾问或收银员；但如果你有机会到美国国家航空航天局（NASA）做暑期实习，即使没有薪水，你的时间投入也大超所值。在某些情况下，如果你必须从事一些工作才能在大学期间继续学业和谋生，那么，请积极寻找那些能把从中学到的技能迁移到未来的职业生涯中的工作机会，这具有非常重要的战略意义。

活动 11.5　3 个潜在的工作机会

请在下面表格中列出你未来可能拥有的 3 个潜在的工作机会，陈述每个选项与你愿景的相关性，工作类型，以及何时可以从事这份工作。这种探索练习可以帮助你做出决策，实现你的愿景和重要目标。

工作机会	与愿景的相关性	工作类型 （全职/兼职/实习）	何时从事
A._____			
B._____			
C._____			

回到本章开篇的案例，莎拉在获得学士学位后，决定在法国攻读国际人力资源管理专业的硕士学位。她之所以这样选择，是因为有一个项目可以在整个求学期间为她提供实习机会，而且学费也非常划算。莎拉计划申请国际知名企业位于卡萨布兰卡市（Casablanca）办事处的人力资源实习岗位，以便积累实践经验。她成为当地一个人力资源专业协会的注册成员，并且与已经在该领域工作的大学同学和校友建立了联系。此外，莎拉计划在大三下学期出国，到中国的一所大学学习心理学课程，感受一种全新的文化。她还计划在中国学习期间参加一个在亚洲举行的国际人力资源会议。此外，莎拉还加入了另一个关于中国文化和语言的俱乐部，以便为她的留学计划做准备。

小结 !!!

本章介绍了许多方法来帮助你最大限度地利用周围的机会，包括投入令人激情澎湃的项目、加入志愿服务团队、出国学习和工作、加入专业社群和进入工作世界。除了上述这些，还有很多其他机会，最重要的是，你需要让自己的每一步行动都有助于实现自己的愿景和目标。当你的行动与你的宏伟人生蓝图紧密相连时，你的人生充实而有意义。

问题反思与讨论　???

1. 记住你在本书的前几章中创设的愿景或长期目标。仔细考察周围的环境中（包括学校、工作场所、家庭、社区等）有哪些机会可以帮助你实现目标？

2. 你打算参加哪些俱乐部、社交活动或志愿活动？它们会在哪些方面对你的职业生涯发展有所帮助？

3. 如果你正在考虑出国留学或出国工作，那么你的学习目标是什么？你希望在不同的国家获得哪些新技能或新思想？

4. 假设你已经加入了一个专业社群。你想从社群中获得哪些知识和技能？此外，你想结识什么样的人并与之建立人际关系？为什么？

参考文献　@ @ @

- DIY Eli. (2018, February 22). Life of a college student living in a van + Q&A at the end [Video file].

- Smith, B. A., Mills, L., Amundson, N. E., Niles, S., Yoon, H. J., & In, H. (2014). What helps and hinders the hope-fulness of post-secondary students who have experienced significant barriers. *Canadian Journal of Career Development,* 13(2), 59–74.

第十二章　变可能为现实

目标

本章聚焦重要的求职主题，包括求职简历的撰写，编制职业生涯档案和有效管理推荐人等。阅读本章并完成相应的练习活动后，希望你可以初步了解以下内容。

- 更有效地进行书面沟通；

- 打造量身定制的简历和求职信；

- 编制职业生涯档案；

- 管理好你给他人留下的印象；

- 管理能确认你资格的推荐人。

案 例

乔恩弘人总是很难回答"你是哪里人？"这个问题。乔恩持有欧盟护照，护照上标明他是马耳他公民。乔恩的妈妈来自马耳他，在乔恩出生前的几个月，妈妈她回到了娘家，由外婆帮忙照料。乔恩的父亲是美国人，但爷爷是日本人，乔恩看起来很像他的爷爷。但是，在去美国上大学攻读国际发展专业学位之前，乔恩除了在出生后的第一个月和短暂的假期旅行，从未在马耳他、日本或美国生活过。乔恩的口音是英式和美式的混合体，加上他略带亚洲的外貌和日本的姓氏，接触他的人都对他的背景很好奇，往往会问他"你是哪里人？"。

乔恩的父母一生都在从事与国际事务相关的工作，他们曾在巴基斯坦、委内瑞拉、瑞典、加拿大、墨西哥、新加坡、中国和新西兰任职。乔恩在上大学之前就读于各种国际学校，有时他甚至和父母不在同一个国家。乔恩是典型的"第三文化儿童"（third-culture kid，TCK），或称为"全球游牧者"（global nomad）。越来越多的孩子在成长过程中会接触到多元文化（或者体验全球化社会），而不局限在他们出生的国家，乔恩就是其中一员。"第三文化儿童"之间往往有更多的共同点，而与他们出生地或生活地的人共同点更少。

乔恩打算开始他的国际化的职业生涯，作为"国际公民"，适应能力和文化兼容能力自然是他的一大优势。只是向潜在雇主解释他的"全球游牧者"生活是件麻烦事，他希望能简单地回答别人只是随口一提的问题："你是哪里人？"

乔恩的国际化背景也为他撰写求职简历带来了挑战。他不知道该如何把自己丰富的经历全部呈现出来，尤其是如何将它们浓缩在短短几页纸中。乔恩的另一个问题是他完全没有带薪工作经验。乔恩的假期是他父母唯一可以带他"回家"的时机，他也非常珍惜与父母回到自己国家与朋友家人团聚的机会。而且，由于乔恩通常在寄宿学校上学，他的家人也会利用假期一起探索当地的风土人情。因此，与许多学生不同，乔恩从未有过在假期里打工的经历。

乔恩有点担心他能否顺利毕业并找到工作。他知道自己可以为潜在雇主提供很多价值，尤其是国际化环境中。然而，他发现有效地表达这些傲人的任职资格非常具有挑战性。同样，你可能也出于不同的原因，不知该如何清楚地向雇主展现自己的任职资格。

"希望"是希望–行动理论的核心，它与每一种胜任力（自我反思；自我澄清；愿景、目标设定、规划；执行与调适）相互作用。当你完成本章学习时，需要灵活地运用希望–行动理论涉及的每一种胜任力，帮助你执行与调适求职规划。通过参与实践活动，构建量身定制的求职文档，策略性地管理留给他人的印象，你可能会对找到适合自己的工作重新燃起希望。

虽然你的经历可能与乔恩的完全不同，但每个人都面临着如何在简短的简历和求职信中充分描述人生经历的挑战。越来越多的职业生涯发展专家建议创建职业生涯档案来展示自己的技能。定义你的个人"品牌"并管理他人对你的印象（无论是当面还是线上），对你成功求职都至关重要。另一个支持你求职的重要资源是优秀的推荐人。与你的推荐人充分交流也是非常重要的，这样他们才能在向雇主推荐你时有效地谈论你的相关优势。本章将讨论所有这些将职业的可能性变为现实的重要内容。

有效的书面沟通

你的简历、求职信以及任何其他书面沟通材料（例如电子邮件、感谢信、工作报告等）都有助于给潜在雇主留下良好印象。你的写作语言应该力求专业、准确、清晰和简洁。第一次使用首字母缩略词时要给出解释，虽然它们在某个特定的行业或部门是常识性的缩写，但你要知道人力资源管理人员、招聘人员和招聘经理的专业背景可能与你不同。书面沟通必须考虑到通用性，让外行人士也能理解和阅读。同时，你的描述要足够具体，确保让行内人士对你的相关知识和能力印象深刻。

尽管聘请专业人士帮助你撰写简历和求职信可能很省事，但用自己的语言来呈现那些材料通常会更贴切。当然，这并不意味着你不能在处理材料结构、组织语言和校对方面寻求专业人士的支持。首先要从自己的角度描述你的成就和个人特征，并穿插一些与你的经历相符的具体术语。只有这样，在你确定了材料中的重要内容之后，才可以考虑寻求帮助来润色终稿。

在行文中可以使用标题、段落、项目符号或其他组织策略来确保表达的信息易于读者理解。请牢记，你的简历、求职信、职位申请、社交媒体和在线网站以及相关的电子邮件既是自我推销工具，也是提供信息的载体。尽可能多地使用形容词和丰富的描述方式，使其具有说服力和感染力。此外，还要尽可能多地提供确凿的数据（例如，担任协会主席的第一年，会员数量增加了23%，办公用品支出缩减90%等）。

简历和求职信

几乎每个人在职业生涯的某个阶段都需要提交一份简历。也许你提交简历是为了支持合作部门协调工作安排；或者是为了在招聘会上向招聘人员表明你对公司的兴趣；或者是为了证明你在当前组织中提出加薪或升职的要求是合理的；或者是发送给一位可以帮你推荐空缺职位的朋友。无论是哪种原因，手头时刻存有一份最新的简历是非常必要的，它可以让你迅速把握随时出现的机会。接下来，我们将介绍两种简历目的、四种常见的简历样式和几种简历格式。虽然大多数人都想要一份简历模板，但我们相信，制作简历的最佳方法是根据你独特的目的量身定制。

简历的目的

简历有两个主要目的，目的不同的简历所需要的格式略有不同。

首先，简历是一份关于你的工作、教育和生涯经历的清单。为此，请保留一份简历母版。以简历母版为基础，可以根据需要量身定制不同的简历。请确保简历母版永远保存在你的计算机里。简历母版的目的之一是持续记录你的工作和教育经历，包括相关的联系信息、日期、职位、课程、会员资格和成就等。

不要拘泥于简历母版的格式，只需按照你的想法持续添加内容即可。理想情况下，简历母版的内容可以按照时间倒序（即最近发生的事排列在最前面）来组织。

其次，简历是推销工具。因

> **小贴士**
>
> 就其本质而言，一份优秀的简历是你未经编辑的生涯史，它与你的职业生涯发展历程息息相关。

此，你的简历必须具有针对性和说服力，让招聘人员或招聘经理相信你拥有他们所需的技能，你值得他们推荐参加面试。

活动 12.1　制作一份有针对性的简历

要制作一份有针对性的简历，可以遵循以下几个简单的步骤。

1. 打开你的简历母版。

2. 把它另存为一个以新的文件名命名的文件，这个文件名需要与你投递招聘的工作相关（例如，文件名可以命名为你的姓名＋目标公司＋年月日）。这样可以确保你不会无意中提交一份针对其他职位的简历。

3. 仔细检查简历中你的联系方式，并在必要时进行调整。

（1）如果你申请的工作不在本地，可以考虑提供当地的地址（例如亲戚或朋友的地址），以表明你与该地区的联系。一些雇主担心面试或搬迁而产生的交通费而不愿意录用外地人员。如果你在当地没有熟人，可以考虑在求职信中提及你对当地的兴趣，或者你愿意自费去参加面试。

（2）确保你的电子邮件地址（前缀）较为正式，适合用来求职。比如 chocoholic@x.com 可能就不太合适，而 jsmith@x.com 是较为得体的。[①]

（3）如果你提供了手机号码，请务必保证接听时较为专业和认真。

（4）如果你提供了家庭电话号码，确保电话信箱的提示语音是合适的，并且要让家里每个有可能接听电话的人都知道你在申请工作。

（5）一些移民和国际学生在成绩单或法律文件上，除了使用自己的名字，还会使用西化的名字。如果你也是这样的情况，请确保有可能接

---

① chocoholic，意为"吃巧克力上瘾的人"；jsmith 为姓名简称。

听电话的人知道你使用的所有名字，还要确保一些关键文档较为清楚地说明这两个名字指的是同一个人。

4.使用"谁会在乎？"原则来过滤你的简历母版。

（1）结合你申请的工作，逐行浏览你的简历（用新文件名命名并保存的简历），一边看，一遍问自己："谁会在乎这些内容？"

（2）如果一行文字、一个短语或部分内容与目标职位无关，建议你修改或删除它（这就是必须保持简历母版不变而使用新文件名保存有针对性的简历的原因）。

（3）避免出现一些有争议的话题（例如狩猎）或从属关系（例如政治或宗教），这些话题可能会不必要地或不经意地给招聘经理留下负面印象。但是，如果这些活动与你的可迁移技能相关，请考虑以更为通用的方式提及它们（例如"为成功的政治活动管理社交媒体"）。

5.参考招聘信息和你能收集到的所有关于目标公司和具体工作岗位的信息。这些信息可能的来源包括公司的网站、年度报告、新闻或在线媒体。

（1）确保在你的有针对性的简历中使用雇主的语言。如果你的简历有机会被"电子招聘官"通过关键字搜索到，这一点就尤为重要。

（2）语言风格最好与雇主的话语体系和公司的品牌匹配（例如选择性地使用较为保守、富有创意或充满活力的语言风格）。

（3）建议你在简历的开头创建个人资料的摘要，并突出自己的任职资格与职位的相关性。

简历式样

按照材料组织方式，求职简历可以分为四种式样：时序型、功能型、混合型和履历型。当你根据目标职位创建有针对性的新简历时，请选择最适合的简历式样。

时序型简历，就是按时间顺序组织简历的内容，把最近发生的事写在最前面。大多数雇主都喜欢这种类型的简历。如果你有相关的教育和工作经验，并且随着时间的累积，职责和成就都有明显的进步，那么时序型的简历就很合适。

功能型简历以展示你具备的职业技能为主题，这些技能可能与你相关的工作或教育经历没有明确的联系，因此功能型简历尤为适合跨专业或跨行业求职。纯粹的功能型简历由于简历中没有提供日期、具体的工作职位或教育背景，容易引起雇主的担心，他们可能会猜疑应聘者是否隐瞒了什么。

混合型简历，顾名思义是时序型和功能型简历的最佳组合。一般来说，混合型简历的第一页会突出与目标职位相关的技能和个人特点，第二页会按时间顺序详细描述工作和学习经历。这种简历可以让雇主清楚地了解应聘者的资格，避免因专业和职业经历与目标职位无关而让雇主形成消极印象。混合型简历对于转行

小贴士

一份简历可能只有 20~40 秒的时间来吸引阅读者的注意力。因此，简历必须易于阅读，并把最引人注目的信息要放在第一页的顶部。建议使用清晰的标题和项目符号，以确保信息能够被快速浏览。大多数语言是从上到下，从左到右阅读。因此，简历页面左边空白处是第二重要的区域，仅次于第一页顶部前三分之一的区域。不要在左边重要区域填满日期，而要用这个区域来书写曾经的工作职位或任职机构。你可以尝试换位思考，根据目标雇主可能对你印象最深刻的部分来确定简历的布局结构。一旦选择了一种简历布局结构，建议你通篇使用，保持一致。

的求职者，以及做过许多暑期零工或兼职工作的学生尤其有效。这些经历培养了求职者相关的可迁移技能，但从表面上看，它们可能与目标职位没有密切的联系。

虽然履历（CV）一词经常与简历（resume）互换使用，但在学术领域和一些专业群体中，它们的含义截然不同。一般来说，履历比简历的篇幅要长，并且按照时间顺序列出相关的职业经历，例如教授过的课程、参加过的会议、发表过的论文和出版物，以及在理事会或委员会提供的专业服务等。

从事人力资源管理的专业人士通常会浏览大量的简历。因此，调查他们的偏好可以为如何有效组织简历提供重要参考。这是我们多年来从许多这样的调查和对重点群体的访谈中得出的结论。表 12-1 中呈现了大多数人力资源管理专业人士和招聘经理青睐的简历特征。

表 12-1 人力资源管理专业人士和招聘经理青睐的简历特征

简历特征	描述
清晰简洁	相关的信息很容易被找到 简历只有 1~2 页
准确无误	没有打字错误或拼写错误 使用一致的字体、间距和页边距
目标明确	不是为其他职位而制作的简历或通用型简历
时序清楚	不是纯粹的功能型简历（日期和细节都有所呈现）
亮点突出	读起来引人入胜 给读者留下深刻而积极的第一印象
易于阅读	一般来说，英文简历建议使用计算机操作系统中常见的 12 号字体（例如 Times New Roman 或 Arial 等系统自带的字体，并且字号不要小于 10 号）
侧重行动	每行或每项都用动词开头（例如，执行、发展、协调、改进、协商等）

简历的格式和风格各不相同，要清楚地了解你申请的职位适用哪种简历格式。有些组织招聘时会指定一种首选的简历格式，它们可能希望通过纸质简历、电子邮件（简历作为附件或嵌入邮件正文等方式）或网申（通过网上平台上传简历文档，或将简历中的信息按照标准化的要求在线输入并提交）的方式提交简历。使用标准化的格式可以让招聘团队更容易检索到他们需要的求职者信息，高效地做出决定。建议在线填写工作职位申请时，尽可能填写所有需要提供的内容，并严格遵循每项信息指定的格式要求。

小贴士

不同的国家和地区对简历的风格和内容的偏好不同。北美地区求职简历的篇幅一般不超过 2 页，一般不要求提供照片，不要求提供出生日期和婚姻状况等个人信息。在其他许多国家和地区，可能会要求在求职简历中填写上述信息。

如果投递纸质简历，请确保使用质量较好的中性颜色（例如纯白色、象牙色或灰色）的纸张打印。通常情况下，在一堆普通纸质文档中，淡米白色的文档会较为突出。如果你选择使用彩色打印机打印简历，请考虑创建一个标题模板，标题及子标题的颜色要醒目（例如使用深蓝色的标题栏和黑色字体等）。简历要单面打印，并且不要装订（方便雇主复印）。在简历每一页上清楚地写下你的名字。

如果你通过电子邮件提交简历，建议你提前打电话了解提交详情和对电子简历的具体要求。有些组织的电子邮件系统会设置成拒收带有附件的邮件，你可能需要把简历内容复制、粘贴到电子邮件正文中发送。不同的电脑操作系统之间或新旧电脑之间还可能存在兼容问题，过于复杂或不太常见的文档格式，尤其是使用最新版本软件编辑的文档，可能会导致收件人无法顺利阅读你的简历。为了确保你的简历可读，要使用大多数软件都能识别的 Times New Roman 或 Arial 等系统自带的字体，并且不要在简历中使用不必要的图片或不常用的符号。请记住，很多人可能会在移动设备（比如平板电脑或智能手机等）上预览电子邮件，为了确保你的简历不会被误删，发送简历时邮件主题必须清晰明了，邮件的开头部分应该简短并且直接表达重点，以吸引收件人深入阅读并保存你的简历。

在某些情况下（例如，网申平台可能会需要将简历中的信息复制或上传至在线表单），可以在文字编辑软件中将简历文件另存为纯文本（.txt）文档，以便去掉多余的格式，只保留文本内容。在许多文字编辑软件中，都可以在"文件"菜单中找到另存为的功能把简历保存为纯文本文档。例如，在微软的 Word 中可以选择"文件／另存为／另存为类型／纯文本文档"来保存。另一种方法是打开计算机提供的文本编辑器（例如 Windows 操作系统附带的记事本，Mac OS 中的文本编辑等），然后将带有格式的简历内容复制并粘贴到其中，以实现去格式化。

在给潜在雇主发送电子邮件之前，试着把它先发送给你的朋友，让他们帮忙查看简历的格式如何。简历中可能有一些嵌入的字符在你的计算机上没有显示，但在其他人的计算机上却遍布整个文档。在把带有格式的简历转换为纯文本文档时，最好去掉所有粗体，使用星号代替项目符号，并始终使用同一种字体。

对于电子简历或网申，列出恰当的关键词是非常必要的。可以考虑在你的联系方式之后加上关键词，用名词术语和特定行业或职业的首字母缩写，注明专业资格以及与目标职位相关的个人特征（例如掌握的语言）。简历中的关键词要尽可能贴合雇主的话语（也就是你从招聘广告、职位描述或公司网站的信息中看到的特定用语）。有一点需要指出的是，你要确保使用雇主的话语时不存在抄袭。为了避免这一点，可以通过转述雇主宣传手册或网站上的语句，而不是直接引用它们。与使用搜索引擎（例如谷歌、百度等）进行互联网搜索类似，恰当的关键词可以让你的简历因为与招聘的标准接近，在雇主检索简历数据库时脱颖而出。因为电子简历不像传统简历那样可以靠创意外观和说服性语言吸引人，所以电子简历中传达的信息需要符合电子搜索引擎检索信息的标准。请切记，搜索引擎是字面上的，计算机和数据处理程序不会从字里行间解读语义，不会对你经历的可迁移性做出假设。

一旦你的简历被检索到，它就又转回到传统的方式，即需要深深地吸引住阅读它的人。此时，和纸质简历一样，简历的格式、制作技巧都会对阅读感受产生影响，请确保简历的结构一致，注意信息的呈现顺序，使用动词开头，并清晰地呈现你的成就。

如果你选择在求职网站上发布简历，请注意保护个人隐私，并考虑身份信息被盗用的可能性。建议删除姓名以外的个人隐私识别信息，并专门为求职注册一个新的电子邮箱。当然，关键是要记住定期检查这个新的电子邮箱，或者设置为收到邮件后自动转发到你的常用电子邮箱中。

你可能还会发现在你的个人职业网页上发布求职简历非常有用。这时，最好将你的职业信息和个人信息分开呈现。如果你提供在线简历的链接，潜在雇主很可能会访问你的个人网页查看你的其他相关信息。这可能是你给他人留下良好第一印象的开始，因此，管理你的在线形象同样至关重要。

求职信

关于求职信是否必要或是否重要，一直说法不一，有的决策者很重视，有的则完全不在意。关键是确保你的求职信是为你增加价值的（比如作为简历的补充），否则，必要时只提供简历即可（比如你求职信中并没有简历中无法阐明的必要信息）。

撰写求职信时，建议在第一段陈述你和目标公司的关联（即你为什么要写这封信）；第二段论述你的兴趣和岗位的匹配度，阐释你能为公司提供什么以满足其需求，同时还可以描述目标公司给你留下的良好印象等；第三段要表明或确认下一步会跟进求职的信息，如果是你主动提出的求职申请，你可以告诉对方会在下周通过电话跟进，或者你会在某个时间到访公司所在的城市，希望对方能安排一次会面机会等。

保持求职信的整体外观与简历一致，这是树立个人品牌（形象）的一部分。如果你为简历设置了带有联系方式的页眉，求职信中最好使用相同的页眉，形成专业化个人信头的良好印象。

此外，还要确保求职信的针对性。"模板求职信"很容易被识别，对你的求职毫无价值。相反，你应该把求职信当作一个展示自己个性和对目标公司调查结果的机会，通过求职信告诉潜在雇主你选择这份工作或公司的原因：他们的网站上哪些内容让你印象深刻？是当前的项目，还是声誉？请使用坚定而自信的语言风格来阐释这些，避免使用"我希望"或"我感觉"这样的措辞。如果你的推荐人对你有相关评价并允许你引用，就把这些评价写到求职信中，以第三方论据来证明你的主张（例如"最近一个客户提到……"或"我的市场营销教授称赞我⋯⋯"）。

如果可能，请将你的求职信发送给特定的人。必要时可以查看该组织的网站或给该组织办公室打电话，请确保对方的姓名拼写正确并使用首选称呼（例如博士、女士等）。许多人在这方面很在意，他们可能会对错误的称呼感到恼火，这显然不利于你给他留下良好的第一印象。不要根据名字猜测对方的性别，名字有时并不反映性别，许多名字同时被男性和女性使用。如果你尽了最大努力还是找不到合适的收信人，那就按照通常方式在"收件人"处写"尊敬的招聘委员会"或"尊敬的运营部经理"等。

职业生涯档案

职业生涯档案作为记录和表达职业成就的实用方式正变得越来越流行。艺术家、演员和建筑师等职业多年来一直使用的作品集就是职业生涯档案的一种形式。现在职业生涯档案也几乎成了其他职业的标准。许多高中和大学都要求学生建立职业生涯档案。

很多人会关注职业生涯档案的格式（例如在线网页、装订册、便携式文件袋，或者使用剪贴技术等更艺术化的表现形式），事实上，大多数雇主不会主动要求查看你的职业生涯档案。如果你主动向对方展示，他们也不会投入太多的时间来浏览整个档案。更有意义的做法是，把你的职业生涯档案作为个人生涯材料的管理工具，以职业生涯目标为导向来组织编排，以便你更容易找到特定的生涯材料（例如为求职面试而准备的各种证书，为申请硕士研究生入学机会而准备的各种成绩单，为特定的求职机会而准备的推荐联系人通信录等）。

与你的简历母版类似，如果你为自己的个人用途制作一个职业生涯档案，那么无须担心它的格式是否有吸引力，也无须限制档案中材料的数量。相反，你需要重点关注收集任何可能对你未来求职有帮助的信息，并选择一个对你有直观意义的框架或归档系统。这样做的目的是确保你可以准确地找到所需材料，而不必把时间浪费在搜寻材料上。

为了帮助你入门，这里为你提供了一个职业生涯档案的材料列表。其中有些材料可能与你毫无关系；也可能有些可以很好地证明你工作资格和技能的材料没有被包含在列表里。因此，这个列表仅供参考。

- 学术材料（各种证书、文凭、成绩单等）

- 议程或项目材料，尤其是那些你作为活动组织者或演讲者的材料

- 营销材料（你参与的计划或项目的小册子）

- 绩效审核或评估记录

- 照片，如果它们能证明你的成就以支持你的申请

- 奖状、奖牌或团体奖励证书（包括复印件或照片）

- 出版物，例如，关于你或你参与项目的新闻报道、宣传册等

- 他人的认可（奖项、推荐信、感谢信或电子邮件）

- 简历或专业资历、个人简介

- 作品案例（学校项目摘录、已发表文章、项目照片等）

    ○ 确保你有共享作品的许可，尤其是如果你参与的项目是私有的或包含机密信息的情况。有时你可以删除涉及他人的内容，保留你写的内容。

根据对计算机的熟悉程度，你可以将自己的职业生涯档案制作成电子档案或网页。关键是要有意识地保存你的成就，这些成就可以为你未来的求职申请和面试提供支持。

印象管理

与品牌对企业营销策略的贡献类似，概念化并始终使用你自己的个人品牌（形象）将有助于你成功地求职。就像企业为了进入一个新的目标市场而重塑品牌一样，你的个人品牌也可能需要调整，尤其在你从学校到职场的过渡期或在不同的职业、部门间转换时。最近的一些研究也证实了我们长期以来的假设：招聘经理会对微妙的自我推销和"讨好"做出反应（即他们希望自己被欣赏和尊重，希望自己正在为相应职位雇用最适合的人选，Waung et al.，2017）。

有四个不同的领域可以帮助你管理专业形象：书面、电话、当面和在线。接下来，我们分别介绍每个领域印象管理的技巧。

书面

正如本章"简历和求职信"的部分所述，潜在雇主会通过书面交流形成对你的印象。他们会注意到你的书面材料是否清晰、简洁、无误和充满吸引力。你的电子邮件地址是否反映了自己希望创建的形象？建议使用适合的颜色、适当的字体和有吸引力的设计元素等，以确保你的书面材料呈现专业的外观，让人一眼就能从其他人的简历中识别出来。

电话

同样如前所述，请仔细考虑向潜在雇主提供哪个电话号码。你的语音邮件应该清晰而专业。不管什么时候（白天、晚上或周末）接听电话，都要想到可能是你的潜在雇主打来的。如果你提供的电话可能由其他人接听（例如家庭电话、室友共享电话等），请提前告诉他们，请他们接到与你求职相关的来电时记录下详细的信息，并让他们帮助你塑造良好的职业形象。

当面

什么是得体的职场语言和着装，对于不同职业、不同部门甚至同一组织不同级别的人来说有很大差别。在塑造自己的个人品牌时，要选择一种既适合你的目标公司，也适合你个人的风格。虽然在求职面试中"假扮别人"有可能获得成功，但长期被束缚在一个不能做真实自己的角色里是非常煎熬的事情。当你调查某个职业和组织时，请留意人们的穿着、互动和沟通方式，你会很自然地被一些公司吸引。当然，你要认识到，你在工作场所遇到的一些人，他们可能在长时间的职场经历中养成了独特的（甚至有些许"古怪"的）角色特点，所以不要把他们当成你初入职场的模仿对象。要时刻注意你希望展示的专业形象，在面试和开始工作的头几天（即在你建立第一印象的关键时期），如果不确定如何做得体就保守一点儿吧。

记住，不只是衣着会影响你的个人品牌，还要考虑你的发型、气息、鞋帽、配饰等是提升还是损害了你想要塑造的形象。同样，了解职场礼仪也至关重要，什么行为被接受，什么行为被认为是粗鲁的，在不同的组织、地区和文化中存在微妙差别。你要去观察、要询问，去找到一个受人尊敬的"文化顾问"，向他请教什么是行得通的，什么是行不通的，以及如何管理你所塑造的形象。

最后，仔细考虑当你在社交活动、工作面试或工作的第一天与某人见面时想传达的关键信息。调整你的"电梯简报"或"30秒广告"，不要失去真实性，没有人愿意花时间听你重复预演了多遍的讲稿。对于不同的受众群体，你传递的关键信息要有所侧重。而且要注意措辞，给他人留下深刻的印象。整合关键词、发展趋势和你对当前职场状况的了解，向对方传达出这样一个信息——你适合这个职位，而且有很大潜力做出贡献。

在线

塑造你的在线形象也非常重要。你最近是否使用谷歌搜索过自己的名字？潜在的雇主和招聘人员可能会这样做，因为他们在遴选入围面试的候选人。他们可能会在网上查看与你相关的链接，查看你的社交媒体或个人网站、博客等，这些在线资料会形成他们对你的第一印象。有许多著名的案例说明在线资料如何产生积极的影响，如何产生负面影响。只需在搜索引擎中输入"求职在线印象管理"，就能找到很多资源帮助你管理自己的在线形象。

活动 12.2 印象管理：有效与无效

请你利用下面的表格记录一些关于自己希望塑造什么样的形象的思考。在这些领域中，哪些措施当前较为有效，哪些措施无效？（例如，电话：有效——我的语音信箱有专业的问候语；无效——我的室友没有帮我记录雇主来电的详细信息）

领域	有效	无效
书面		
电话		
当面		
在线		

选好推荐人

推荐人也会影响潜在雇主对你的印象，所以要明智地选择推荐人。在提交推荐人的联系方式之前，建议你做一些"尽职调查"。如果某个推荐人在你的新公司决策层中声誉不佳，那么这个推荐人帮你写的推荐信可能会导致你求职失败。不要想当然地认为某个人会极力帮你说好话，如果你没把握，请直接询问推荐人，尤其是关于那些重要的问题（例如"关于我为什么离开这家公司，你准备说些什么？"或"关于我的缺点，你如何回答？"）。有些人比较谨慎和保守，他们从来不会帮任何人说好话，但你的潜在雇主可能并不了解他们的这种个性。因此，请选择那些诚实、热情，会积极评价你工作业绩的推荐人。

选择推荐人时，还要考虑他们对你了解的程度。你最喜欢的教授可能无法详细讲述你的职业成就；你在暑假打工时的零售部门主管可能不会谈论你作为社会工作者的能力；你好朋友的爸爸虽然在业内地位显赫，但可能对你的计算机和互联网技能一无所知。你在搜寻工作机会时，这样的人际关系可能会为你打开求职的大门；但你需要一个能具体说明你在所申请职位方面具备胜任力的专业推荐人。

不要害怕给你的推荐人提示，他们可能需要你提醒才能记起你为他们工作时或做他的学生时取得的具体成就。不能期望你以前的主管、老师或同事在没有提示的情况下能生动详细地回忆你曾经的成就。建立职业生涯档案时这些成就就会被派上用场，帮助你叙述与各位推荐人相关的成就。

此外，请告知你的推荐人。你离开他们（或完成他们的课程）之后的专业发展和职业成就。为你的推荐人提供一个组织清晰的表格会有所帮助。你可以在表格中的一栏列出关键的工作要求，在另一栏列出你如何满足这些要求的具体细节（参见表 12-2）。同时，把你申请职位的简历提供给你的推荐人。

表 12-2　将成就与工作要求关联起来

工作要求	我的资格 / 成就

在每次打算使用推荐人的名字时，都要仔细核对，确认他们的联系方式是否当前正在使用的，他们能否很快回复你的请求，他们是否清楚申请的具体职位。如果他们知道你正在申请的是全国零售公司的会计职位而不是酒店连锁机构的会计工作时，他们可能会在推荐你时向雇主介绍你不同的事例。

你可能偶尔会被要求在很短的时间内提交推荐信。如果最佳的推荐人不便及时回信，可以将你手边保存的推荐信提交给潜在雇主。此外，在取得重大成就后不久写的推荐信，可能会比几年后回忆时写下的推荐信更能呈现丰富的细节。

如果你的推荐人来自不同的时区，或者可能使用不同的语言来接听电话，你提供的推荐人联系方式要便于你的潜在雇主与其取得联系。你可以提供准确的拨号说明（包括完整的国家代码，最好是直拨电话或特定分机）；要考虑时差因素（例如，"如果在下午 4:00 打电话，你很可能会在办公室联系到他，因为他那里是上午 8:00"）；必要时还要提供一些重要的当地语言问候语或开场语，并把它们的发音标注出来，确保当你的潜在雇主拨打国际电话时能与你的推荐人顺利沟通。

小结　　　　　　　　　　　　　　　　　　　　！！！

本章集中讨论了如何将你的职业可能性变为现实——制作有效的简历和求职信；建立职业生涯档案记录你的成就；管理个人印象和个人品牌；选择和提示你的推荐人。

回顾本章开篇的案例中乔恩面临的独特情况，很容易看出，所有这些任务对他而言都是重要的考虑因素。乔恩没有任何带薪工作经验，但他的国际化的生活方式使他拥有很多可迁移技能，而且他持有相关证书和学校项目的相关材料，可以

小贴士

当你决定丢弃职业生涯档案中一个潜在的"神器"（例如绩效评估、任务反馈、最后一天工作的感谢卡等）之前，建议你用手机拍照，并保存到你的职业生涯电子档案中。

证明他的成就。然而现实地说，他可能没有太多的积蓄，国际搬迁的人通常会在每次搬迁前清理物品，没有清理掉的物品也大多收藏在仓库的箱子里。

因此，作为求职准备的一部分，乔恩可能需要策略性地收集一些工作能力证明材料和推荐信。他可能会发现，呈现某些特别的项目可以提供有力证据（包括推荐人）以证明他的技能。乔恩的推荐人可能散布在世界各地，他可能需要重新联系他们，向他们更新自己的职业目标，并提供一份当前的简历。由于乔恩的职业兴趣较为国际化，并且他的人际网络已经是全球性的，他可能会受益于通过博客、LinkedIn 个人资料，以及基于网络平台的职业生涯档案和简历等塑造其专业的在线形象。根据他选择工作的国家和地区，乔恩需要澄清对简历或履历的潜在要求（文化背景和格式等）。乔恩和所有从学校过渡到职场的学生一样，需要建立自己的职业"品牌"，并通过各种求职工具来打造它。如果他在毕业前 6 个月到 1 年开始行动，他将有足够的时间为毕业后顺利求职做准备。

问题反思与讨论 ???

1. 你面临的挑战和乔恩面临的挑战有什么相似之处？它们在哪些方面有所不同？

2. 从希望 – 行动的视角来看，当你开始找工作或准备重新定位职业时，拥有合适的工具将如何助力你成功求职？

3. 本章中描述的工具和策略（简历、求职信、职业生涯档案、印象管

理、选择推荐人等），哪一项对你来说最容易准备？哪一项最具挑

战性？落实它们的第一步行动是什么？

参考文献

- Waung, M., McAuslan, P., DiMambro, J., & Mi go , N. (2017).
  Impression management use in resumes and cover letters. *Journal of Business & Psychology*, 32(6), 727–746

资源拓展

- Doyle, A. (2018). Tips for asking for a letter of recommendation.
  Balance Careers.
  文章谈到了向谁寻求推荐以及如何询问，还提供了推荐信的示例。

- Doyle, A. (2019). Tips for dressing for job interview success.*Balance Careers*.
  文章提供了有关面试着装的提示。

- Government of Manitoba. (2014a). *A guide to building a career portfolio.*
  文章概述了职业生涯档案的制作过程（例如收集、选择和组织档案内容），以及如何使用职业生涯档案进行职业规划和求职。

- Government of Manitoba. (2014b). *A guide to writing cover letters and other employment-related letters.*
  文章介绍了与求职相关的几种信件类型。

- Government of Manitoba. (2014c). *A guide to writing resumes.*

  文章概述了如何从对自我和所需职位或组织的了解中提取有针对性的、视觉上吸引人注意的信息制作求职简历。

- Jacobs, D. L. (2013, February 19). Five top resume turnoffs. *Forbes.*

  文章详细介绍了5种常见的简历错误，并提出了解决这些错误的策略。

- Koblyk, L. (2019, February 14). The secret CV: Documenting work experiences that don't seem relevant, but are. *University Affairs.*

  文章描述了一份"秘密简历"，这是一份很有帮助的文档，可以记录你取得的成就，这些成就可能与当前的职位无关，但可能与未来的职位有关。

- Osmundson, E. (2015, January 20). Raising the bar on references. *NE Pork.*

  文章详细介绍了如何编制潜在推荐人列表，以及如何在求职过程中邀请、跟进和动用推荐人。

- Shane, J. (2018). Is that me you're referring to? *USA Today Magazine,* 146(2872), 50–51.

  文章详细介绍了糟糕的推荐信会对求职和职业成功造成的负面影响，列举了推荐信核查问题回答示例。

- van den Beld, B. (2014, July 8). How to see private Instagram photos without an account. *State of Digital.*

  文章概述了选择隐私设置，详细介绍了具体的策略和预防措施。

- Weiss, T. (2008, March 26). Entering the workforce: Give your career a flying start. *Forbes.*

  文章为新工作重要的前几周提供实用技巧和指南。

目标

本章重点介绍与求职相关的技巧。阅读本章并完成相应的练习活动后，希望你可以初步了解以下内容。

- 寻找工作机会；

- 建立有效连接；

- 掌握面试流程；

- 成功转换到职业生涯的下一个阶段。

案例

　　贾斯吉特的大学时光还剩下最后一学期。在新学期注册时，她既兴奋又有点害怕。

　　4年前，贾斯吉特结束了17年的婚姻后不久回到了学校。作为离婚协议的一部分，前夫全额支付了她的大学学费。结婚那年他们有了第一个孩子，之后贾斯吉特一直待在家里照顾孩子和她丈夫的母亲。5年前，丈夫在母亲去世后决定离婚，当时他们的4个孩子都在上高中。

　　依靠子女抚养费和赡养费，贾斯吉特能够继续在家里照顾孩子。不过，现在他们的4个孩子有2个在上大学，另外2个今年和明年也将相继毕业。在那之后，她的赡养费支付期将结束，而孩子们在上学期间，他们的抚养费会直接转付给他们，所以现在贾斯吉特只能靠自己养活自己。她意识到这所住宅对她而言太大了，即使谋求到一份好工作，她也无法独自承担住宅所需费用。有时，一想到要再买一套适合自己品位的新房子，她就会兴奋不已。有时，她也会为自己曾经深爱的生活变得支离破碎而感到羞愤。贾斯吉特内心有些矛盾，不知道应该留在原来的社区，还是应该借此机会在其他地方开始新的生活。如果留下来，当她的孩子们来拜访时，会更有回"家"的感觉。她还有一年多的时间来做出决定，但等待最小的孩子完成学业影响着她对职业的选择。她现在有两个选项：一是先做1年兼职或合同工作积累工作经验；二是认真寻找一份"真正"的工作，在某一个工作岗位上长期发展。贾斯吉特甚至不知道一年半后她会住在哪里，这种不确定性有时几乎是压倒性地冲击着她的心绪。

贾斯吉特的故事凸显了从学校到职场过渡期的复杂性。本章提供了一些策略，帮助你获得具体的工作机会，掌握面试流程，以及应对具有挑战性的生涯过渡，让你在职业生涯旅程中迈出完全令人满意的下一步。

寻找工作机会

这个环节是职业生涯规划和求职准备的顶峰，它建立在自我反思、目标设定和全面调查的基础上。在掌握了简历、求职信和职业生涯档案等基本工具后，你就已经做好准备，可以去寻求具体的工作机会了。

如果你心中有了明确的求职目标，而且这个目标现实、有吸引力且值得去积极追求，那么这个环节会很顺利；但如果你心中没有明确的求职目标，对任何工作都持开放态度，则很难产生具体的求职线索。这就像报考大学时你觉得什么大学都行——那么你到底申请哪所大学呢？或者就像搬家时你觉得搬到哪儿都行——那么你到底要从哪里开始找房子呢？

因此，在继续下一步之前，请重新审视自己的目标和行动规划。如果你的目标还有些模糊，请回顾或修改已经完成的自我评估活动。这种情况下，也许你应该直面自己的恐惧或重建自己的支持系统。事实上，有时确实有必要花些时间冷静地为生涯过渡期带来的压力和动荡做好准备。

一旦心中有了明确的求职目标，就可以着手寻找具体的工作机会了。

你可以从重新审视你做过的职业调查入手，挖掘一切与你的选择方向相关的信息。访问你感兴趣的企业网站，有些企业网站会设置招聘专栏。

你也可以通过综合性的搜索网站检索职业、行业或组织名称，检索最近发布的新闻或新项目。尽管这些信息通常不会列出职位空缺，但你可以从中看到相关的新趋势、资金或政策变化、股票价格走势、新项目或管理层变动等重要信息。对于经常出现在每日新闻中的大型组织，你可以使用高级检索功能缩小检索范围（例如使用组织名称或相关新闻标题、日期等作为检索项）。

你还可以订阅工作职位空缺列表服务。在你优先考虑的区域搜寻你感兴趣的职业、行业或组织名称。

建议你创建你所在地区的供需招聘会列表，并有计划地参加其中一些招聘会。当前空缺职位的信息来源，招聘会还可以为你提供职业、部门或组织的相关信息。你可以通过招聘会获得与员工交谈的机会，以了解内部人士对你感兴趣问题的看法。不过要注意的是，这些看法来自企业代表或招聘人员的视角，因为他们在招聘会上的角色是"推销"自己企业的工作职位，所以你得到的观点可能不那么"客观"。

根据具体的职业目标和当前经济状况，在一家或多家招聘公司（人力资源中介）注册会员可能会有所帮助。注册会员时要避免与招聘公司的工作人员签订一些限制性的合同（例如阻止你与其他招聘公司合作或阻止你与自己找到的公司签订就业合同等）。但有些招聘公司可能获得了本地区一些企业的独家代理招聘权（即该企业所有招聘都要通过该招聘公司完成）。由于招聘公司的工作人员一直从事招聘工作，所以他们对你感兴趣的领域的现状和发展趋势有很好的了解，会根据你的求职简历、经验、与行业或组织的契合度，以及你应聘的整体表现等给出专业的反馈和宝贵建议。但是请注意，大多数招聘公司的工作人员会倾向于向你推荐他们标准化的简历模板，他们对你简历的修改建议可能只是为了更便于其内部使用。

临时就业公司是获得短期临时性工作职位的有效方式。短期合同为你提供了从一个组织（也可能是几个组织）内部体验职业的机会。此外，有些雇主倾向于从临时工中遴选聘用全职员工。如果雇主想在临时聘用合同期限结束前让你成为全职员工，他们可以帮你支付解除临时合同的费用，临时就业公司通常有明确的规定。

活动 13.1　联系与线索

根据你在本书中完成的相关评估和活动，请用下面的表格记录你感兴趣职业的工作机会具体来源。比如你确定了一个感兴趣的组织，就把该组织网站的网址填写在表格中的相应位置。

资源类型	具体来源
组织的网站	
新闻报道	
订阅职位列表	
招聘网站	
招聘会	
招聘人员	
就业公司	
其他	

建立有效连接

在希望–行动方法的所有阶段，你的人际关系网络都是非常有用的支持。从自我反思阶段到行动规划阶段，你从人际关系中获得的支持主要集中在收集背景信息方面，这可以为你的职业生涯决策提供信息参考；而在执行阶段，你对人际关系的运用将会更有针对性。因为你要寻找的是特定职业、行业、组织、专业协会或地区的联系人，以获得他们可能掌握的具体工作线索。虽然统计数据因行业、地区和经济状况的不同而有差别，但人们普遍认为，约80%的职位空缺是通过人际关系渠道获得填补的。也就是说，大部分职位空缺可能没有公开发布招聘广告，即使发布了招聘广告，最终成功的应聘者也可能是通过人际关系推荐的方式获得的新工作。如果你想最大限度地找到工作线索，就必须挖掘这些"隐藏"的求职资源。

要开启这个人际关系的新阶段，请重新审视你现有的个人和职业关系网。在反思支持来源（在自我澄清阶段）或进行职业调查（在规划阶段）时，你可能已经创建了一个人际关系网络。如果没有，请使用你的联系人列表（可以参考你的电子邮件系统、移动电话通信录、社交软件账户中的好友列表等），开始你的信息挖掘。

小贴士

如果你的人际关系经常维系，而不是关键时刻才去"激活"，那么它将是最有效的。

通过与关键联系人重新建立联系，告知他们你的职业进展和职业决策，并向他们咨询求职问题（例如与谁交谈更有帮助，在哪里可以找到合适的工作机会等）。如果你经常维系自己的人际网络，当他们得知你正在寻找工作时就不会感到惊讶。事实上，他们可能已经向自己认识的招聘负责人提及你。请确保让自己人际网络中的重要联系人了解你不断变化的兴趣、目标、主要成就和求职进展。

心理学家约翰·克朗伯兹（John Krumboltz，2011）在关于偶然性的研究中提出："不确定性是客观存在的，计划总会发展演变，关键是要保持好奇和积极的心态"。相比在电脑前被动地等待雇主注意到你发布在网上的求职简历，参加社交活动（甚至是体育活动或家庭聚餐）中更有可能获得工作机会。很多人似乎在他们的职业生涯中"受到幸运之神的眷顾"，然而正如罗马哲学家塞内卡（Seneca）所说："幸运就是机会之路与准备之路的交会。"

为了增加被幸运眷顾的机会，请你为自己人际关系网络中的重要联系人提出更具体的请求（例如"你认识在某公司工作的人吗？最好是在市场部工作的人"）。一开始，你的沟通对象可能主要是你平时可以轻易联系到的人，虽然他们不太可能雇用你，甚至可能没有与你的潜在雇主直接接触，但他们的推荐可能很热情，这与你拨打陌生电话时可能遭遇的冷淡形成鲜明的对比。

在人际关系沟通的下一个阶段，你有可能接触到那些掌握直接求职线索的人，所以一定要询问这些有价值的求职线索。好消息是，你接下来的电话沟通仍然充满着温情而不是冷淡。虽然面对那些较为亲近的人，你不太可能使用"电梯简报"的方式陈述（例如简短地描述你的求职需求和任职资格等），但你会发现，写下一些求职要点对你与第二级、第三级联系人沟通会非常有帮助。因为这些联系人可能是你私下不认识或至少不是很熟悉的人。

不要被动地等待招聘方的回复。列出你感兴趣的雇主名单并直接与他们联系，询问他们是否正在考虑招聘员工。你还可以询问潜在雇主是否可以进行信息访谈。即使你感兴趣的雇主没有合适的职位空缺，他们也可能在自己的人际网络中联系到正在招聘适合你的职位的其他雇主。请记住，很多工作职位并不公开招聘，或者可能采取特殊方式招聘，比如育儿假、企业搬迁、业务拓展、季节性招聘、新项目开工等。一些雇主在遇到有趣的应聘者并看到其巨大潜力后，甚至为其"创造"新职位。

在积极寻找工作的阶段，建议你每周尽可能多地参加社交活动（当然，你需要量力而为）。为了在活动中有效地建立人际关系，你应该扮演"主人"的角色而不是把自己当成"客人"。请主动向他人介绍自己，如果你在活动中认识两个彼此不相识的人，可以介绍他们相识。在活动中，你可以通过与人闲聊找到共同话题，更要积极参与那些实际而丰富的互动。你需要保持积极的社交态度，充分尊重他人。多花些时间倾听，而不是在他人耳畔滔滔不绝。通过展示文化水平、行业知识、行业观点和职业兴趣等给别人留下一个专业的印象。如果社交活动中备有酒水，建议你要么完全不喝，要么选择不含酒精的饮品，时刻保持清醒的头脑至关重要。

你的目标是获得工作线索，你的表达需要听起来专业而清晰，你需要保持敏锐和专注，在纷繁的对话中捕捉与工作相关的微妙细节，争取在每次有价值的谈话中都能发现具体的线索、推荐、启示或新视角。

有时候，一些联系人会在你离开后想起重要信息，所以请一定给他们留下你的简历或名片，并在背面写上具体的工作期望。如果他们方便，你可以提出与他们通过电子邮件持续跟进。对于非常精通先进技术的联系人，可以考虑使用智能手机上的移动应用程序沟通，方便地分享信息。确保你社交平台上的个人资料都是专业的和最新的。当人们在网上找到你，并根据网上的资料评估你与他们的行业或组织的契合度时，会形成对你的第一印象。第一印象的完美与否，决定了你的人际网络会扩大还是缩小。同样，你也可以通过在网上查找他人的信息来了解你遇到的联系人。

请精心地拓展和维系你的人际网络。如果它是单向网络，完全围绕你自己的利益在维系，那么这种关系很快就会变质。有效的人际网络不是依靠收集名片的数量或拥有多长的通信录来评判高低的。相反，它是建立在互相回馈的关系上，你要懂得时常和联系人交换信息、见解、支持和工作线索等。一定要积极跟进你的联系人提供的工作线索，并及时向那些为你提供线索的人更新求职进展。有效的人际关系将持续为你的职业生涯带来益处，帮你打开职场之门，分享行业动态，提供坦诚的反馈，提升你的专业形象。

扩大你的视野，充分利用你的人际网络来帮助自己考虑所有的可能性。你可能只关注了全职工作，然而在越来越活跃的"零工经济"时代，是否可以考虑接受两份兼职或一份短期工作项目呢？对备选方案持开放态度可以激发无数的可能性，那些不考虑雇用全职员工的雇主可能会考虑让你以兼职或短期合同的形式加入自己的企业。

你会将自己的工作目标限定在一个特定的地域范围吗？如果不会，那就从收集你的住址附近的招聘信息开始，逐渐扩大地域范围。你可以在有联系的其他城市或地区采用类似的方法。

掌握了具体工作的详细信息后，请重新审视你的自我评估，看看这个工作机会是否合适你：这个工作机会是否充分发挥了你的优势和技能？你是否对它感兴趣？你选择这份工作的主要原因（工作价值观）能否得到满足？公司文化是否适合你的个性特质？接受这份工作会对你生活中重要他人产生怎样的影响？它是否有助于你的职业生涯持续发展？它是否适合你的休闲活动和生活方式？

掌握面试流程

你对工作线索的积极挖掘取得了成效，获得了参加面试的机会，为了做好面试准备，掌握一些面试流程和技巧会很有帮助。

接下来，对一些你可能会遇到的面试类型分别进行探讨。招聘过程中涉及不止一次的面试是很常见的，所以你在申请同一份工作时也可能会经历几种不同类型的面试。认识到面试过程中的不同阶段也很重要，本章指导你如何在面试开始前、面试过程中以及面试结束后给面试官留下良好的印象。

面试类型

面试风格和形式会因面试目的、阶段、部门或行业以及每位面试官的水平和偏好而呈现较大差异。有很多优秀的图书和网站可以帮助你准备面试。本书简要概述最常见的面试类型：筛选和评估、集体面试、电话或视频面试、情境或目标行为面试，以及分组面试。

了解预期的面试类型，更理想的情况是了解面试官的一些信息，将有助于你准备面试并展示自己的相关才能。投入一些时间调查这些重要的背景信息，你可以联系一下最近被邀请参加面试的人，如果你找不到相关的联系人，可以花几分钟时间从安排面试的人那里收集一些相关的细节。例如，询问面试官是单独面试还是多人面试，应聘者是集体面试还是单人面试等。你还需要明确面试流程：这是筛选面试吗？是否会有评估？如果这次面试成功了，下一步流程是什么？如果招聘过程中有一系列的面试，那么有多少次正式面试？谁会参与面试过程：招聘人员参加吗？招聘经理参加吗？同事参加吗？人力资源部门的人员参加吗？请不要害怕提出问题，面试形式差异很大，如果不问清楚，你不可能猜测到将发生什么，也无从下手准备。

雇主与你的第一次面试很可能是为了筛选和评估，以确认你简历上的任职资格是否准确无误。你甚至可能没有意识到自己正在接受面试，面试可能就发生在招聘会的展台上招聘人员与你看似随意、毫无重点的谈话中。同样，在这个过程结束后，你可能会被邀请去吃午饭或参加社交活动，虽然这样的活动看起来不像是正式的面试。但重点是，你要意识到招聘人员与求职者的所有互动都会影响其决策过程。

筛选与评估面试的内容主要包括你的简历、过去的经验和教育背景的相关问题。可能会有一些问题来评估你的知识或技能（即非正式或半程式化的评估过程）；也可能会对具体的工作技能进行正式或标准化的评估，例如，文字处理速度和准确性，商业数学；批判性思维、诚实和时间观等软技能；个人特质偏好是否适合特定岗位或团队等。一些面试评估涉及工作情景的模拟，例如，在评估管理者如何处理优先事项时，"文件筐测验"是非常典型的面试方式。其他评估可能由外部组织或机构来进行，例如，在应聘者"晋级"到下一个面试阶段之前，可能需要特定的驾驶执照或安全证书。

当前，我们生活在一个由科学技术支持的全球经济体系中，面试过程中的一个或多个步骤可能通过电子邮件、电话或在线音频或视频的方式进行，你可能会被要求在面试前完成一些在线评估，可能被要求加入一个电话会议或视频会议，可能被要求注册并登录"互联网语音服务提供商（VOIP）"（例如 Skype）与特定账号进行音频或视频通话等。就像你一定要留出额外的时间去参加面试一样，请留出一些时间来测试技术环境，确保这些技术平台或应用程序是顺畅无阻的。在技术测试的过程中，如果你遇到了任何麻烦，请不要犹豫，去寻求帮助。通常情况下，安排面试的人很乐意指导求职者完成这一过程。

当然，几乎可以肯定的是，你也会参加面对面的面试。这种面试要么是单独一个面试官（单独面试），要么是多个面试官（集体面试），这两种类型的面试有很大差异。在单独面试中，你只需要与一个面试官建立融洽的关系，并最终打动和说服他；在集体面试中，与多个面试官建立融洽的关系并留下积极的印象更具挑战性，这些面试官可能有不同的专业背景，个性特质也可能相差甚远，甚至可能对理想求职者的个人特征秉持互相矛盾的观点。无论哪种情况，你的回答都必须根据面试官对该行业（尤其是你的职业）的了解而精心应对，这一点非常重要。招聘人员和人力资源专家可能在面试人际关系和可迁移技能方面很有经验，但他们可能欠缺对行业或特定工作的深入理解；而招聘经理或未来的同事可能会对你的技术专长和融入现有团队的能力提出非常具体的问题。

文化差异也会影响面试的成功率。在每次面试中，请注意不同文化背景对正式程度的不同期望（例如使用名字或姓氏、职称等）、对年龄问题的尊重、目光的接触、私人空间、闲聊尺度，以及群体与个人的重要成就等。如果你事先知道面试官的文化背景，你的文化顾问（你的人际网络中来自不同文化背景或具有丰富经验的人）可能会帮你识别这些文化因素。而当你意识到面试官的文化期望时，你必须及时做出调整。例如，当别人伸出手（握手）时，你也要伸出手回应；当别人只是礼貌性地请你坐下时，要保持站立；在别人和你闲聊应聘以外的话题时，也要做出积极的回应等。

　　有些面试会要求你对假设的情况做出回应（例如提问"如果……你会怎么做"）。更常见的情况是，面试官会对你在类似情况下做了什么感兴趣（例如提问"请回想一下……发生的事情，你那时是怎么做的"）。这就是所谓的"行为导向"面试，它基于一种潜在的假设，即过去的行为是预测未来行为的最佳方法。虽然对理想情况进行假设并讨论更为容易，但得到的往往是"书本上的答案"，无法真实反映求职者在现实世界中的态度和行为。同时，行为导向面试为求职者提供了分享如何处理挑战、危机、冲突，以及日常工作中发生的事情等真实事例的机会。

　　为了准备应对行为导向面试中的问题，请回顾你的工作、学习和生活经历，确定 2~3 个你想在面试中展现的精彩故事。你会发现，使用 STAR 故事来归纳每个经历的要点非常有效。虽然你可能不会在面试中提到自己准备的所有精彩故事，但把它们写下来将有助于回忆故事中的细节，也会让你更容易在面试中将其完整地回忆出来。使用 STAR 故事的重点是提供你如何工作的证据，所以要确保陈述故事时大部分时间放在你的行动上（即 STAR 中的 A）；故事情景（即 STAR 中的 S，建议分配时间不要超过 10%）简要描述即可；同样，对任务（即 STAR 中的 T）的叙述也要尽量简洁；然后，分配 75% 的时间来呈现你在这个情景中的角色，包括你如何做出决策，以及这样做的理由；最后，用一个令人印象深刻的结尾简短地总结你的故事，突出结果（即 STAR 中的 R）以及它是如何与你的行动直接相关的。如果有些故事没有完美的结局，你在故事结尾中可以总结从这次经历中学到的东西，以及它如何影响你后来的工作方式等。

活动 13.2 重新梳理 STAR 故事

在准备工作面试时，请使用下面提供的表格来确定 2~3 个 STAR 故事。例如，贾斯吉特选择分享她撰写以文化多样性（S）为主题的论文的故事。为了研究这篇论文，她必须采访 3 个来自不同文化群体的人士（T 任务）。她通过家人、朋友和熟人来找到了合适的受访者，与受访者建立了良好的关系，比原计划提前完成了所有访谈，并留出了较为宽松的时间来撰写和编辑她的论文（A 行动）。她的这篇论文获得了 98 的高分（百分制），这使她有资格获得奖学金（R 结果）。

要素 / 时间分配	STAR 故事 1	STAR 故事 2
S（情景） 10%		
T（任务） 10%		
A（行动） 75%		
R（结果） 5%		

　　许多组织会使用一系列面试来确定聘用员工的人选。也许从筛选面试开始，然后是评估面试，再然后是集体面试。这个过程可以让潜在雇主在不同的情境下多维度地观察求职者。面试通常被安排在不同的日期。一般来说，面试过程的每个阶段都会进一步筛选并淘汰一批候选求职者。通常越接近后期的面试，越可能涉及组织中的更多高级成员。

　　当前，还有一种面试方式越来越受欢迎，即同一时间召集多个求职者进行集体面试。如果你没有预料到这种面试方式，临场时很可能会感到不安。这种集体面试的方式通常有两个目的：①提高面试的效率，它涵盖大部分标准面试的有效方式；②有机会了解你如何与一群同行人士互动。

如果你意识到集体面试的目的仅仅是提高效率，那么你只需要准时出现，并让自己看起来适合这份工作即可。在这种类型的面试中，面试官只是为了不用在每个应聘者身上重复相同的步骤（例如，用 10 分钟或更多的时间告知应聘者关于公司或招聘流程的信息）。

然而，如果你意识到集体面试的目的是促进应聘者之间的互动（例如，在你到达面试地点后，被分配到一个应聘者小组，并被要求一起完成一项任务），最好的应对策略是假想你已经在为该组织工作，与你一起面试的是自己的项目团队。在这种类型的面试中，展示自己的技能和知识至关重要，但这种展示不能通过诋毁或羞辱其他应聘者来实现，理智的策略是和其他应聘者分工合作、分享创意，并在适当的时候主动担任小组领导的角色。

面试环节

大多数人以为面试环节就是自己与面试官会面的时间。实际上，面试的过程比这个时间要长得多。接下来，本章提供一些技巧和策略，帮助你轻松应对完整的面试环节，即做好面试准备（面试前阶段），把控好面试机会，面试后有效跟进。

甚至在你申请工作之前，面试的准备阶段就已经开始了。你的人际交往、职业调查和求职活动产生了一个似乎值得跟进的工作线索。招聘经理或选聘委员会通过了你的初步申请，你看起来非常具有潜力，已经被邀请参加面试。记住这一点很重要，每当你接到面试通知时，有人已经确定你适合这个职位（或者说，他们已经开始有点喜欢你了）。

如前所述，记录一些初步调查可以在你准备面试时节省大量时间。保存好求职材料，把你申请工作职位的组织网站添加到浏览器的收藏夹里，维系你的联系人（你认识的哪些人了解这个组织的某些信息？）。在面试前，重新浏览该组织的网站，查看该组织的基本信息和你申请的具体职位信息。与你社交网络中与之相关的重要联系人沟通，让他们知道你要参加面试。询问他们一些关于该组织或面试流程的问题，并请求他们允许你将他们的名字列为推荐人。

确定你想在面试中分享的 3~4 个 STAR 故事。反思过去对你而言难以回答的问题，或者你只是希望他们在面试中不要提及的问题。尽管书上和互联网上有无数面试"问题"的应对攻略，但那些无法找到合适答案的问题才是真正的难题。问题本身不是关键，关键是你的回答可能会牵扯出一些你不希望面试官知道的事情。

从统计数据来看，最后参加面试的人得到工作的概率要比其他人高得多。当然，这个结果可能存在偏差，因为很多情况下，潜在雇主一旦找到合适的候选人，面试过程就结束了。那些先参加面试的应聘者得到这份工作的机会要高于平均水平。此外，周一和周五的面试往往不太成功，上午的面试结果通常比下午好。但是，如果你被邀请在固定的时间参加面试，请尽量适应。比时间和日期更重要的是你的面试准备和面试

小贴士

有时你可以选择面试时间。如果有可能，建议你选择最后一个参加面试。

表现。如果你确实有合理的理由无法在规定的时间内参加面试，请真诚地表达你对参加面试的兴趣，并请求对方重新约定面试时间。

到达面试地点后发生的事情也是面试过程的一部分。给他人留下的第一印象很重要。有一些事情是你可以掌控的，请做好充分的准备以塑造自己积极的形象。你是否准时到达了面试地点？你的表现是否从容不迫？你的穿着是否得体？你是否精力充沛？你的情绪是否平静而愉悦？你是否充满热情，积极乐观？请注意，别人对你的第一印象可能在你进入面试房间之前就开始了。例如，你的简历和求职信的质量；你被邀请参加面试时接听电话的态度和语气；你在停车场、电梯或大堂咖啡厅遇到的人；你如何向接待人员介绍自己等。所有这些都为你的专业和个人风格提供了脱颖而出的机会，它们可能会对你的面试成功产生重大影响。

面试过程可以划分为开始阶段、主体阶段和结束阶段。了解面试官对每个面试阶段的期望，会提高你的面试成功率。

在大多数情况下，温暖的微笑和坚定的握手会让你的面试有一个良好的开端。眼神交流（如果不止一位面试官，请和每位面试官都进行眼神交流）和一个简单的问题（例如"今天过得怎么样"）都有助于建立融洽的关系。找到共同话题会让你们都感到轻松，你可以考虑介绍自己从调查中获得的一些相关信息。例如"我看到你们公司的团队参加了周日赛跑，当时我和我们学校的队员也在那里。"

大多数面试都从"闲聊"开始，目的是让应聘者感到舒适和放松。然而，有时它给人的感觉却是面试中最尴尬的部分，尤其是遇到不擅闲聊的面试官时，或者应聘者没有为此做好准备，并提防面试官的每一个问题都有隐藏目的时。

练习与朋友和家人闲聊，直到让谈话的气氛变得舒适自然。请避免谈及有争议的话题（例如政治、宗教等），以及并非每个人都能轻松谈论的专业话题（例如体育、新兴科技等）。请记住，面试官知道你可能感到紧张，但你不知道的是，他们可能也会紧张，因为做出招聘决策对组织而言是一项重大责任。

如果你准备充分，面试过程就容易顺利进行。一般来说，面试的内容会围绕与职位相关的知识、技能和态度。建议你准备一些具体的证据来证明你的成就。如果你已经整理好了一份职业生涯档案，它最好包含你的相关工作案例、客户的反馈或展示你对项目贡献的材料。虽然大多数雇主不会有兴趣审查你的整个职业生涯档案，但如果你准备一些相关的材料作为证据，可以让他们更容易记住你的回答。

需要指出的是，有些面试是非常标准的程式化面试。这些程式化面试的目的在于，面试官更容易对面试候选人（甚至是偏远地区的候选人）进行量化比较。这可能会让面试过程变得有些尴尬，面试官可能会问到你已经回答过的问题。就像在学校考试一样，你可能已经在第 1 题的回答中涵盖了第 3 题的内容，这种情况下，完整地回答每道题以获得满分至关重要。解决这个难题的策略是，加入一些对之前回答内容的引用。例如"正如我刚才提到的，我在……方面的经验"。但要注意，不要因为重复回答而显得沮丧。相反，要确保你的每一个回答对整个面试都是有价值的，并利用这个机会分享另一个例子或展示一项不同的技能。

面试中，尽管很多问题从法律层面上不允许面试官询问（例如年龄、婚姻状况、家庭计划、第一语言、民族背景、国籍等），但有些面试官可能没有接受过面试礼仪的培训，还有些面试官出于好奇提出这类问题，他们甚至没有意识到这些问题已触及法律范畴。从你的角度来看，了解回答非法问题并不违法很重要。所以，如果你能坦然地回答这个问题，最好的方法就是礼貌性地回答，而不要让面试官对你的回绝感到尴尬。但是，如果你不愿意回答这个问题，或者感觉回答这个问题可能会被不公正地歧视，那么你可以考虑对这个问题的潜在问题给出回答。例如，如果面试官询问你的家庭状况或家庭计划，他的潜在问题是关心你是否有足够的时间和精力投入工作。你可以这样回答："我意识到，在一个年轻的团队中，日托问题可能会导致请假。然而，我来自一个相互支持的大家庭，我的所有兄弟姐妹都可以帮我去日托接送孩子，而且我知道，在我需要支持的时候，家庭的支持无处不在。"

面试中，会有很多非语言的线索表明你的回答是否正确，你可以利用它们来指导后续的回答。例如，面试官可能正在你的回答中寻找关键词。在集体面试中，如果你注意到所有面试官同时在做笔记，这表明你的回答包含了他们期望听到的内容；如果注意到面试官看起来很困惑、沮丧或无所事事，这时，与其假设你没有机会得到这份工作，不如利用这些线索让自己的面试回到正轨，你可以使用诸如"我的最后一个回答可能没说清楚，你能告诉我一些关于这个问题的具体信息吗？这样我就能更清楚地回答问题。"

特别是在多人面试中，请留意不要忽视任何一个面试官。尽管这很可能是无意的，但对数千份模拟面试录音的回顾显示，女性面试官被认可度远低于男性。当女性面试官提出具体问题时，应聘者通常会做出优雅的回答，但在其他时间里，女性面试官几乎完全被忽视——这是值得留意的细节。

面试结束也是非常重要的环节，因为最终印象往往最为持久。通常而言，面试结束时面试官会问："你还有什么问题吗？"至此，面试的控制权已经交给你了，所以要睿智地把握这个机会。如果你在面试前准备的一些问题没有得到解答，现在就开始询问。你的问题可以与组织或具体部门未来发展方向有关（例如"预计该部门明年会发生哪些变化？"），或者可以与对你而言特别重要的事情有关（例如"组织会提供哪些专业发展机会？"）。如果你的所有问题都已得到解答，可以利用这段时间介绍面试中未涉及的关键信息，并再次表达你对这份工作的兴趣，给面试官留下清晰而热情的最终印象。

虽然面试已经结束，但是面试过程仍将继续，直到招聘方最后做出决定，并向成功的应聘者提供工作机会（被其接受）。一定要在面试之后发一封感谢信或电子邮件。通常情况下，积极跟进的应聘者更容易获得工作机会。如果你对某个面试问题想到了一个更好的回答，可以在后续跟进中进一步阐述你的新观点；你可能在面试过程中提到了一篇文章或网站，那么在后续跟进中，你可以把这篇文章的副本或网站的链接附在邮件中。如果从面试到对方做出决定的时间较长，你也可以跟进相关信息的更新，例如证书或课程已经完成，对工作时长或地点的期望变化，或者新的联系方式等。请使用一种有意义的方式跟进（而不是简单地纠缠潜在雇主），这有助于让你的名字和申请保持在受聘名单的顶端。

需要提醒的是，不要因为一次自我感觉成功的面试就停止寻找其他工作机会。继续积极地寻找，可能会获得更好的工作机会。如果同时有几份工作机会让你选择，这会让你对潜在雇主更有吸引力，可能会在获得工作机会或薪酬谈判时起到决定性作用。收到录用通知不必立即接受它，询问雇主什么时候需要做出决定，并利用这段时间咨询家人和导师的意见。将这份工作与你的自我评估结果进行比较，并与其他潜在雇主联系，看看他们是否也即将做出决定。

　　事业成功和工作满意度都与乐观息息相关（Neault，2002）。然而，当涉及寻找工作线索和反思面试时，用实用主义来调和乐观主义是很重要的。虽然坚持等待完美的工作机会很诱人，但有时接受一个不太完美的工作机会也可能让你厚积薄发，为下一步获得更完美的工作机会做好准备。凭借工作经验和不断扩展的人际网络，当组织内部出现更为完美的空缺职位时，或者当你下次申请现在有点遥不可及的工作时，可能就会获得成功。

　　面试成功意味着职业生涯的转换。这种转换有时是在一个组织内部，有时是到一个新的组织，也可能是变动到一个新的地区。接下来，我们将帮助你面对职业生涯转换带来的挑战。

成功转换到职业生涯的下一个阶段

　　人生中有许多过渡时期，这使得职业生涯规划变得越来越重要。这些重要的过渡包括：从学校到工作的转换、生活角色的改变、工作职责的改变、健康的挑战以及搬迁等。有些转换（如毕业）是人们期待已久的，而有些转换（如裁员）却是意料之外或情非得已。生涯转换过程可能具有挑战性，时而令人振奋，时而令人不安，时而令人耳目一新。它们可以积极或消极地影响人们对希望的感知，而"希望"是希望－行动方法的核心所在。一些职业生涯管理专家研发了一些模型，可以帮助我们正确看待职业生涯转换。本书从中选择了两个典型模型，如下所述。

布里奇斯转型模型

学者威廉·布里奇斯（William Bridges，2004）将变化描述为外部事件，将转型描述为内部过程。布里奇斯提出的转型模型将转型分为三个阶段：结束阶段、过渡阶段和新的开始阶段。同时，布里奇斯还提到，转型前阶段也是一个重要的期待与准备阶段。

布里奇斯建议，在成功完成整个转型过程之前，必须在每个阶段完成相应的任务。"结束"阶段的任务主要完结此前的事项，例如准备并参加期末考试、提交学期论文、申请毕业，以及告知房东你将要搬离等。在过渡阶段，因为要探索未来的可能性并制订新计划，你可能会度过一段混乱忙碌的时期；当然，这个时期内你也会经历反思、自我评估、恢复和等待等相对安静的时光。过渡阶段的感受被描述为"在流沙上行走"——不太稳定或缺乏安全感。进入"新的开始"阶段的标志是，内心感到安定，在重建自己的生活和事业的同时重新获得自信与能力。

活动 13.3 · 转型的三个阶段

请用下面的表格列出布里奇斯转型模型中每个阶段的任务、预期挑战和潜在支持。例如，在结束阶段，贾斯吉特需要卖掉她的旧房子，她预计讨价还价并获得一个公平的价格非常具有挑战性，她希望获得房地产经纪人的大力支持。在房子出售后，贾斯吉特进入过渡阶段，她的挑战是找到一个合适的新家。然而，她有一个朋友提出要和她一起去找房子。贾斯吉特在新的开始阶段，将面临在新家安顿下来，也许还会搬迁到新的社区。她预计搬家后会有些孤独，但她计划开始找工作，并加入当地的健身中心，开始与社区中的人们交流。

阶段	具体的任务	预期的挑战	潜在的支持
结束阶段			
过渡阶段			
新的开始阶段			

过山车模型

博根和阿蒙森（Borgen & Amundson，1987）提出了"过山车模型"。他们用过山车形容与失业相关的情绪反应，这些反应与悲伤或哀悼（例如一个人失去了亲人或失去健康）非常相似。在本章的案例中，贾斯吉特的故事就是"过山车"的例证，她说自己感到既兴奋又害怕。找工作有点类似于在激流中划船，情绪迅速从兴奋（被选中参加面试）转变为绝望（第二次面试没有入围），再到乐观（因为新的工作机会似乎恰好浮出水面）。

这两种转型模型都认同职业生涯转换是一个过程。在这个过程中，出现各种担忧和情绪反应是正常现象。通过增加你的支持力量与应对资源做好准备，将帮助你成功地转换到职业生涯的下一个阶段打好基础。获得具体的工作机会需要时间和精力投入，尽早开始将有助于职业生涯的顺利转换。

小结 !!!

　　积极地找工作可能需要相当长的时间，通常它也标志着过渡阶段的开始。一定不要把这个重要的阶段留到最后一分钟。有效的职业生涯管理是持续性的，所以请时刻拓展和维系你的人际网络以获得潜在的工作线索。

　　本章开篇的案例中，由于贾斯吉特不确定自己想在哪里生活和工作，在寻找工作线索时将面临特别的挑战。尽早做出决定是她的第一步，就像心中没有目标就无法有效地导航一样，在积极寻找工作线索和面试机会之前，明晰你的职业生涯发展方向至关重要。

　　本章提供了获得具体工作机会的策略、有效建立人际关系的技巧、关于面试类型和面试阶段的分析，以及职业生涯转换的概述。使用下面的"问题反思"回顾你学到的知识，并通过讨论加深认识与理解。

问题反思与讨论 ???

1. 贾斯吉特的人生正处于多重转变之中：毕业、搬迁、重大的财务变化，以及改变生活角色等。因为她在离婚后建立了自己的生活，并随着孩子们一个个长大离家而适应"空巢"。你认为哪种过渡模型可能对贾斯吉特有帮助呢？你的人生正在经历哪些转变？哪种模型对你有帮助？

2. 对贾斯吉特而言，获得具体的工作机会可能具有挑战性，因为她目前不确定自己想住在哪里。对于毕业后的下一步行动，你会给她什么建议？贾斯吉特的情况与你的情况有何相似或不同？你现在可以做些什么来获得具体的工作机会？

3. 每个人都有一些不希望在面试中被问及的问题。你觉得贾斯吉特害怕被问及什么？你如何帮助她准备这些问题？你害怕被问及哪些问题？为什么？请和同伴一起头脑风暴，帮助你有效地回答这些问题。

参考文献

- Borgen, W.A., & Amundson, N.E. (1987). The dynamics of unemployment. *Journal for Counseling and Development*, 66, 180-184.

- Bridges, W. (2004). *Transitions: Making sense of life's changes* (2nd ed.). Cambridge, MA: Da Capo Press.Krumboltz, J. D. (2011). Capitalizing on happenstance. Journal of Employment Counseling, 48(4). 156–158.

- Neault, R. A. (2002). Thriving in the new millennium: Career management in the changing world of work. *Canadian Journal of Career Development*, 1(1), 11-21.

- Bahler, K. (2018). 5 questions you'll hear at your next job interview—and exactly how to answer them. *Money*, 47(8), 23-25.

  这篇文章描述了面试中常见的问题和有效回答这些问题的策略。

- LiveCareer Staff Writer. (n.d.). *The 150 typical job interview questions*. LiveCareer.

  这是一个包含了传统面试和行为导向面试的综合问题数据库，可以启发你思考面试中可能遇到的问题。

- Pankratz, R. (2016). Mobile technology: Evolutions and trends for career resources, searches, and networking. *Career Planning & Adult Development Journal*, 32(3), 58-61.

  这篇文章提供了如何使用移动技术建立人际网络的建议。

- Schawbel, D. (2011, May 23). *Social networking for career success*. Forbes.

  这是对米里亚姆·萨尔皮特（Miriam Salpeter）的一次深度访谈。萨尔皮特是《个人品牌杂志》的联合主编，也是 Keppie Careers（一家教练/咨询公司）的总裁。萨尔皮特谈到了社交媒体的作用，并分享了使用推特（Twitter）平台求职的建议。

- Tan, J. K., Teoh, M. L., & Tan S. K. (2016). Beyond "greeting" and "thanking": Politeness in job interviews. *3L: Southeast Asian Journal of English Language Studies*, 22(3), 171-184.

  这篇文章讨论了如何在求职面试中给雇主留下积极的印象。

第十四章　适应当前和未来

目标

本章重点介绍当工作或生活发生变化时，人们如何去适应。阅读本章并完成相应的练习活动后，希望你可以初步了解以下内容。

- 提高你对社会和经济发展趋势的认识，这些发展趋势会影响职业生涯决策；

- 了解如何运用"创造性"破解面临的问题；

- 了解如何应对失业、未充分就业、公司合并和裁员等问题带来的挑战。

案 例

爱德华成绩优异，即将完成学业获得心理学学位。大学时期，他在暑假参加了一个由惩教机构（correctional services）举办的青年项目。爱德华在思考职业规划时，认为自己更喜欢在忙碌的环境中工作。他喜欢面对同时处理多任务的挑战，喜欢做有影响力的工作。当暑假项目接近尾声时，爱德华与项目经理谈论了自己未来的职业意向。他很期望秋季毕业后能在惩教机构寻找一份全职工作，很明显，凭借优异的成绩和突出的能力，他有资格获得这样的工作机会。项目经理建议他可以在暑假尝试兼职工作，等遇到全职工作的机会时再来申请。他还有机会在一家就业咨询机构工作，因为他已经获得了该机构发出的聘任邀请。如果爱德华接受聘任邀请，这个为期3年的工作合同可以在他毕业后立即生效。

评估情况后，爱德华决定等待惩教服务机构的全职职位。在等待工作机会期间，他想去欧洲度假，那是他一直梦寐以求的愿望。唯一的问题是缺乏资金，但他可以获得银行的短期贷款并在秋季入职后将欠款还清。爱德华设法为他的欧洲之旅筹集到了足够的资金，并开始为期3个月的假期。在旅行即将结束时，身处挪威一个小村庄的爱德华收到了一封来自惩教机构经理的电子邮件。经理在邮件中通知他，惩教机构正在裁员，他所期望的全职工作机会希望渺茫。这显然是一个令人意外的坏消息，但爱德华对此无能为力。他决定提前结束假期，然后重新开始他的求职之路。

社会与经济发展趋势

探讨生涯浮流问题时，需要仔细考虑社会与经济的现实状况。在充满不确定性的时期（例如金融海啸和新冠肺炎疫情大流行等），很难准确预测毕业后的最佳工作机会和具体的工作领域。但这并不意味着无须把社会与经济发展趋势作为职业生涯规划的参考。下面列出了当前社会与经济的一些发展趋势及其对职业选择的影响。

1. 从业者通常需要更高水平的批判性思维和技能培训。这意味着强调批判性思维和技能发展的教育活动至关重要。

2. 在充满挑战性的经济时代背景下，如何对自己的职业进行定位？可以考虑人口老龄化等社会发展趋势（例如对医疗保健和社会服务的需求增加，以及更多地关注环境问题等），想方设法成为新兴绿色经济中的一员，并考虑与安全保障相关的问题。

3. 当前，新冠肺炎疫情全球大流行确实使国际关系出现了退潮，但这种情况会随着时间的推移而改变。通过学习新语言并与来自不同文化背景的人士建立联系，为更多的国际化工作机会做好准备。

4. 通信和信息技术将持续发挥重要作用。这并不意味着每个人都需要成为计算机程序员，而是要求你熟练地使用计算机、文字处理软件和智能手机等。

5. 需要把终身学习纳入你的长期计划。人们期望你在工作的同时继续学习。有时你可能需要离开职场，脱产接受系统化的培训。

6. 没有"一劳永逸"的工作可以让你度过整个职业生涯。留在一家公司并按自己的方式"步步高升"的想法也许不再适用。你需要把重点放在学习和提高自己的职业技能上。当一份工作为你提供的收益达到极限时，你可以选择去寻找其他的机会。有时，这意味着你需要接受额外的教育帮助自己迈出职业生涯的下一步。

7. 不要只考虑传统的、有保障的全职工作，有时也可以去尝试兼职工作、短期合同工作和自主创业等。

8. 大量的组织正在调整构架，因此中层管理职位的数量通常会减少。组织也会受到合并和裁员的影响。要在动荡中维持生计，你需要灵活调适职业规划，并专注于自己的需求，不断提高自己的职业技能。

9. 不同地区的就业机会存在很大差异，为了充分把握新兴的就业机会，你可能需要考虑搬到其他地区居住。

10. 你也可能会发现即使尽了最大努力，自己仍面临未充分就业（即从事某种低于自己知识和技能水平的工作，从而导致自身能力未充分发挥作用的就业状态）甚至失业的挑战。有一些策略可以帮助你应对这些困局。

11. 在发展趋势不明朗的时期，重要的是保持真实的自我，并把握个人和家庭需求。你所做的选择应该以身心健康和实事求是为原则（Amundson et al.，2009；Herr，1999；Storey，2000）。

规划中断：人生的本质

希望你没有因为上述社会与经济的发展趋势而深感焦虑，列出这些只是为了帮助你为即将发生的事情做好准备。世界复杂多变，虽然制定规划很重要，但也要认识到这些规划很可能被外界环境打断。有很多人总是沉迷于"昨天的故事"，你要明白更加积极主动地追求职业生涯发展至关重要。你需要有一个愿景，而不是让未来顺其自然地发生；你需要远见卓识，并准备好扮演一个积极的角色，为自己的未来创造机会。

　　追求职业生涯发展的起点是了解你真正喜欢什么（你的激情所在）。面对外部坏境的不确定性，必须有某种形式的锚点（职业锚）可以依靠。否则，你将在不考虑需求、兴趣和技能的情况下，从一种情况切换到另一种情况，周而复始。

解决问题的困境

　　当你思考社会和劳动力市场的变化以及自身的情况时，很容易充满忧愁和焦虑。很多时候，寻找一份合适的工作变得越来越具有挑战性。那么，应该如何处理这种情况，以增强勇气并最大程度地减少不确定性带来的焦虑呢？或许其中的一些障碍源于我们对问题的界定方式。

　　让我们从一个简短的练习活动开始。

活动 14.1　创造性与问题解决

　　1. 花些时间想想你生活中遇到的一个难题（例如毕业后找工作），以及你需要如何解决这个难题。当专注于处理这个问题时，你的想法和感受是什么？

　　（1）想法

（2）感受

　　2. 现在，做一个深呼吸，把注意力转移到你想创造的事情上（例如一些你想实现但还没有机会实现的梦想），与这种状况相关的想法和感受如何？

　　（1）想法

　　（2）感受

　　许多人在面对问题时会感到沮丧、不知所措、焦虑、消沉，甚至绝望等；而处于创造性模式时，他们会感到精力充沛、充满希望，对各种可能性感到兴奋，并准备好将其转变为现实。

　　罗伯特·弗里茨（Robert Fritz，1989）在他的经典著作《最小阻力之路》中概述了"用心之所动去寻求途径"的优势。布鲁斯·埃尔金（Bruce Elkin，2003 年）进一步阐释了创造力是处理生活挑战的更有效方式。他指出常规化解决问题的方法存在如下缺陷，并指出这些缺陷"从持续的现实和持久的结果方面阻碍了问题的有效解决"。

　　1. 解决问题的方法通常侧重于找到正确的答案（收敛的方法）。但是，如果问题较复杂，不容易得出唯一的答案又该如何？在这种情况下，创造性解决问题的方法可以考虑分歧和解决问题所需的灵活性。

2. 当你处于常规化解决问题的模式时，通常从一个较弱的情绪开始（例如气馁、焦虑和无助）。而采用创造性解决问题的方法会让你拥有更多积极能量和对可能性的兴奋感。

3. 常规化解决问题的方法通常强调临时（短期）方案，从长远来看可能无法令人满意。而创造性解决问题的方法会让我们总是关注自己最终想要创造什么，即使过程中遇到挑战，也会将这些挑战视为最终结果的暂时挫折。

4. 在解决问题时，你的行动和结果通常被判定为"赢"或"输"。在一个纷繁复杂的世界里，不要抱有非此即彼的二元分类思维，而要把正在发生的事情看作长期规划的一部分。

埃尔金（2003）认为，常规化解决问题的方法通常会导致解决方案简单化，这与我们当前所处的复杂社会不适应；他还指出，创造性地解决问题是更强大的动力之源。

活动 14.2　创造性解决问题

当审视自身处境时，请花些时间思考，你是否可以运用更具创造性的姿态对待你想为自己创设的未来。与其被负面情绪"狂轰滥炸"，不如满怀勇气和创造力迈步前行。请回答以下问题。

对你来说什么最重要，你想为自己创造什么样的生活？

你需要如何行事才能实现这个目标，让它转变为现实？

你需要采取的第一步行动是什么？

视挑战为机遇

让我们回到本章开篇的案例，爱德华结束了欧洲之行回到北美，重新开始寻找工作。他朋友的父亲拥有一家园林绿化公司，所以这成为他的一个求职选项。从事这份工作有不错的薪酬，可以帮他赚钱还清银行的贷款。其实，惩教机构的某个部门也有一个临时性职位，只是这份工作的薪酬不高，需要与较多年长的同事一起工作，而且还涉及搬迁，那个小镇距离他现在的住处有几个小时的车程，而且从工作内容看，这个临时性的职位也不像绿化公司的工作那样充满吸引力。

> **小贴士**
>
> 当你面对困局时，要有意识地把精力集中在你的优势方面，考虑各种可能性，并尝试创造性地制定成功策略。

有时，一个人即使采取创造性的视角来规划自己的职业生涯，仍然可能面临挑战（规划中断）。

接下来，我们将探讨其中的一些挑战，并提供一些克服障碍的方法和建议。

失业

大学毕业将带来新的可能性和光明的未来，这是人们对毕业普遍的期待之一。当前的新冠肺炎疫情大流行挑战了这一期待，并使得人们对未来产生更为消极的观念。伴随着消极的情绪，高度的焦虑和情绪动荡也开始浮现。似乎一切都变得更加不确定和令人不安。有关失业的研究（Borgen & Amundson，1987；Moser，2009）指出，情绪波动对人的心理健康和身体健康存在普遍的影响。在这段时间里，不要把精力都放在关注消极的一面上，还有更多值得投入精力的问题需要你深思熟虑。请记住你通过高等教育掌握了哪些本领，同时，反思你在生活中是如何面对其他挑战的。有很多因素可以推动你奋力前行。H. B. 盖拉特（H. B. Gelatt，1989）曾谈到，我们已经进入一个悖论时代，人们必须带着一种"积极的不确定性"前行。虽然我们不能否认这个时代令人焦躁不安，但我们需要同等地看待各种力量，并对更美好的未来抱有希望。

有过失业经历的人对于如何应对失业有一些很好的建议。第一，要认识到大多数挑战缘于劳动力市场的状态。将个人责任与外部原因分开是至关重要的。第二，情绪低落会导致自己与朋友、家人的人际交往变得困难。谈论你的感受，让别人了解你的情况并参与到你的求职过程中是很重要的。与其与别人断绝联系，不如想办法和他们一起谈谈积极的话题。第三，你会发现与就业顾问联系并加入求职支持小组是有帮助的。在求职支持小组中，你会学到更有效的求职策略，并且有更多机会建立相互支持的人际关系。第四，在生活的各个方面都保持活跃。你可以寻找志愿服务机会或参与喜欢的休闲活动等。通过积极的活动，可以增加建立人际网络的机会，也会增加其他求职途径。找工作需要持续努力，也充满了压力，你需要用生活中其他积极的活动来调节。第五，你可能需要考虑参加培训或从事谋生工作（可能是兼职或临时工作）等选项。第六，如果你发现账单不断堆积，寻求财务咨询可能会有所帮助。

未充分就业

未充分就业有时是因为自己不重视自己所具备的技能，满足于没有挑战性的工作，有时家庭因素也可能会削弱你的才华与能力。对于一些大学毕业生而言，未充分就业的原因也可能是短期内的就业机会不乐观，需要采取一些措施来承担经济负担并避免失业。

未充分就业本身并没有什么问题。在一个充满不确定性的就业形势下，人们很容易接受一份没有挑战性但能支付账单的工作，陷入未充分就业状态。我们面临的挑战是不要长期陷入这种工作状态。有很多人只是为了实现短期目标开始工作，随着时间的推移，他们会重新定义自己的生活，初始的短期工作就变成了他们的常规工作，渐渐地，他们可能永远不再有机会充分发挥自己的才能。

未充分就业的主要问题是人们放弃了自己的梦想。他们陷入未充分就业状态的时间越久，已有的技能就越有可能被淘汰。此外，缺乏相关的工作经验也是原因之一，导致他们无法继续在自己感兴趣的领域工作。

对于一些人而言，未充分就业会产生类似失业的情绪反应（Borgen et al.,

1987），他们会感到沮丧和痛苦，同时普遍缺乏生活的意义和目标。一个人的兴趣和能力被隔绝可能会产生严重的负面心理。

应对未充分就业的最好方法是始终牢记自己的长期目标。虽然有些工作可能会满足短期需求，但重要的是，要准备好尽快将注意力转移回最初的目标（或创设新目标）上。对摆在面前的工作机会需要仔细考虑，有时接受薪水较少但提供更多相关经验与进一步学习机会的职位是更好的选择（Larkin et al.，2007）。如果你从事的工作有更多体验生涯浮流的机会，你可能会做得更好。同时，这也意味着你有机会从主管和经理那里获得更好的推荐。

合并和裁员带来的工作挑战

找到一份初始工作只是一个起点。有一些人可能会遭遇组织合并或裁员，职业生涯的变化会很突然。如果你的资历很浅，那么在组织重组的过程中，可能会面临很长一段时间的不确定性。即使你没有丢掉职位，工作和生活的质量也会受到很大影响。阿蒙森等人（Amundson et al.，2004）为那些在组织裁员中幸免的从业者归纳了一些经验。在这项研究中，最有价值的发现是从业者在裁员期间的情绪波动。其中一些情绪波动会对你和同事、上司之间的关系产生负面影响，还有可能发展成家庭的压力。组织裁员还会给身处其中的从业者带来一些工作上的挑战，例如超负荷的工作，缺乏对完成工作任务的基本培训，以及缺乏反馈和监督等。在个人层面，工作热情往往因缺乏他人认可和沟通不畅受到影响。

当然，这种裁员过程带来的也不一定全是负面影响，在这个过程中也有机会建立新的关系，拓展自己的技能，并与同事、上司和家人建立更密切的关系。为了成功地度过这种时期，你必须保持开放的心态，接受不确定性，并根据对自己的了解和自己的能力做出选择。有时，这种情况只是一场风雨；有时，你需要去其他地方寻找新的工作机会。对自己的职业目标有一个清晰的愿景，可以帮助你做出睿智的选择。

生活的挑战

我们的工作和生活中会有各种压力，可能是身体健康问题；可能是自己、家人或朋友的问题；可能是刑事法律的问题；还可能是财政或经济形势问题等。所有这些问题都与职场息息相关（Hobson et al., 2001）。另一个现实是，在许多情况下，你面临的压力不止一种。

在处理这些压力问题时，寻求他人的支持至关重要，必要时可以寻求专业人士的帮助。个人问题的解决在确保工作满意度方面发挥着重要的作用。

小结 ！！！

当前，我们处在一个充满不确定性的时代，每天都有意想不到的挑战和难题需要我们应对。在面对这些问题时，采取创造性解决问题的方法非常有帮助，这样可能让你对当前的任务产生更大的精神力量和热情，并学会广泛地思考可能的解决方案。

为全球更加动荡的社会与经济形势做准备。你可能需要面对失业、未充分就业、组织合并和裁员，以及来自生活中问题的挑战。虽然这些挑战是现实生活和职业生涯发展中存在的障碍，但它们并不是无法克服和跨越的。

为了在这个充满挑战性的时代实现自己的职业目标，爱德华决定接受惩教机构的临时性工作，尽管薪酬不高。为了积累工作经验，他愿意接受较低的工资。起初，爱德华对新工作缺乏挑战性感到沮丧，但他依然努力工作并利用每一个机会积累新知识。最终，在惩教机构内部出现了一个更具吸引力、更高薪酬的职位，而他顺理成章地应聘成功。换言之，他成功地运用了创造性解决问题的方法实现了他的目标。在面对类似的挑战时，本书中很多良方都会让你受益匪浅。

问题反思与讨论 ???

1. 你对爱德华处理自己求职困局的方案有什么看法？回答这个问题时，请考虑一些社会与经济发展趋势因素。

2. 你能把这些社会与经济发展趋势因素纳入自己的职业生涯规划吗？

3. 请思考，采用"创造性"的求职方法会如何改变你对求职过程的感受？

参考文献 @ @ @

- Amundson, N. E., Borgen, W. A., Jordan, S., & Erlebach, A. C. (2004). Survivors of downsizing: Helpful and hindering experiences. *Career Development Quarterly*, 52(3), 256-271.

- Amundson, N. E., Harris-Bowlsbey, J., & Niles, S. G. (2009). *Essential elements of career counseling: Processes and techniques* (2nd ed.). Pearson.

- Borgen, W. A. & Amundson, N. E. (1987). The dynamics of unemployment. *Journal of Counseling and Development*, 66(4), 180-184.

- Elkin, B. (2003). *Simplicity and success*. Trafford Press.

- Fritz R. (1989). *The path of least resistance*. Columbine.

- Gelatt, H.B. (1989). Positive uncertainty: A new decision-making framework for counseling. *Journal of Counseling Psychology*, 33, 252-256.

- Herr, E. L. (1999). *Counseling in a dynamic society: Contexts and practices for the 21st century*. American Counseling Association.

- Hobson, C. J., Delunas, L. & Kesic, D. (2001). Compelling evidence of the need for corporate work/life balance initiatives: Results from a national survey of stressful life-events. *Journal of Employment Counseling*, 38(1), 38-44.

- Larkin, J. E., LaPort, K. A., & Pines, H. A. (2007). Job choice and career relevance for today's college students. *Journal of Employment*

Counseling, 44(2), 86-94.

- Moser, P. K. (2009). Unemployment impairs mental health: Meta-analyses. *Journal of Vocational Behavior*, 74, 264-282.

- Storey, J. (2000). "Fracture lines" in the career environment. In A. Collins & R. Young (Eds.), *The future of career* (pp. 21-36). Cambridge University Press.

你已阅读完本书的全部内容，我们深感欣慰！可以确定的是，你为希望－行动理论投入的时间与精力将得到源源不断的回报。因此，请继续发展我们与你分享的理念与技能。在漫漫人生路上行走，只为成就最好的自己。本书传递的方法将帮助你塑造最优秀、最真实的自己。我们鼓励你反复应用希望－行动理论，随着你对自己和世界更深入的探索，这个理论会成为你的傍身"利器"。我们迫切想更多地了解你是如何使用这本书创造充满希望、让人满足和其乐无穷的职业生涯的。